MAHOH

LIBRO I

Gabriel Capitán

Título original: MAHOH - La Leyenda Indígena, 2017

Título de reedición del autor formato bolsillo: Saga MAHOH - Libro I, 2023

© 2017 Gabriel Capitán, autor

© 2022 Emanuel Morales Schmidt, fotografía original de ilustración de portada

© 2022 María del Mar López Ruiz, pintura al óleo de ilustración de portada

© 2022 Celibell, fotografía de autor

© 2023 Ana Fernández Viña, correcciones de texto

© 2023 Kike Campillo, diseño de cubierta

© 2023 GC Books, reedición de autor

Con la compra de este libro apoyas a los autores independientes. Igualmente, al adquirir una edición oficial autorizada por el autor, a través de una empresa legal con reconocimiento profesional a nivel mundial y que ha confiado en los escritores independientes, apoyas el resguardo del *copyright*, permitiéndoles llegar a todos los rincones del planeta con la distribución de sus obras: libros confeccionados con materiales de buena calidad, clara impresión en cubierta e interior, precios económicos y fiabilidad en su entrega. Gracias por respetar el esfuerzo desempeñado en este trabajo y no reproducir o distribuir, sin autorización, esta obra o fragmentos de ella. Respetándonos, ayudas a que sigamos publicando con la ilusión de llegar a ti.

Depósito Legal: SE-851-17

Escrito en España - Written in Spain

MAHOH
LIBRO I
Gabriel Capitán

LIBRO I

© 2022 María del Mar López Ruiz, pintura al óleo de ilustración de portada

Agradecimientos:

A Ana Fernández Viña, el ángel del verbo que apareció y me rescató de la desidia creyendo en mi forma de escribir.

Al doctor Maximiano Trapero por sus indicaciones.

A Rafael Martínez y Gisela Lahoud por su apoyo.

Y, como no: a la memoria de Le Verrier y Boutier, frailes que, con su tenacidad, valentía y esfuerzo, nos dejaron escritas sus vivencias en aquella expedición.

Gabriel Capitán

España, Madrid, 1978.

Estudié reporterismo gráfico y realización de documentales. Desarrollé mis primeros trabajos en productoras de televisión, como *freelance*. Con la intención de llegar a ser reportero de guerra, ingresé al servicio militar, continué como soldado de Infantería de Marina y Operaciones Especiales (UOE), desde donde fui reclutado para formar parte del CNI, dedicando así mi vida a la seguridad del ciudadano. Tras más de veinte años en activo, me vi retirado al sufrir un grave daño medular durante el desempeño de mis funciones. Mi ocupación desde ese momento y hasta la actualidad ha sido tratar de no sucumbir a las duras secuelas, realizar una intensa auto-rehabilitación física y mental, evadiéndome de los problemas gracias a la escritura, la naturaleza y la música, para dar un nuevo sentido a mi vida.

Autor de la controvertida novela *El mal menor*, con varios proyectos literarios iniciados y otros terminados en fase de publicación —como esta saga *MAHOH*, integrada por cuatro volúmenes—, además de cartas, cuentos, relatos cortos y reflexiones en mis redes sociales.

Gracias por confiar.

Web: gabrielcapitan.com
Facebook: Gabriel Capitán
Instagram: @capitandepalabra

Nota del autor

«Majorero» es el gentilicio de los habitantes de las islas Canarias orientales, procedente del vocablo indígena *mahoh*, utilizado para nombrar «mi tierra» u «hombre de la tierra», que fue castellanizado como *máho* o *mahorero*, evolucionando finalmente hasta el actual.

Citando palabras textuales siempre agradecidas e informaciones dimanadas de su obra *Los Guanchismos*, el doctor Maximiano Trapero —Catedrático y Profesor Emérito Honorífico del Departamento de Filología Española de la Universidad de Las Palmas de Gran Canaria— atendió a mis consultas explicándome que de la «lengua aborigen canaria-guanche» quedan residualmente palabras sueltas que se han incorporado y acomodado a la fonética y a la morfología de la española, «españolizándose». Es por ello que han de escribirse según la ortografía actual del castellano. Continuando con lo anterior, el doctor me advirtió acerca de la imposibilidad de encontrar frases completas en esta lengua, ya que ni una sola ha pervivido por tradición oral, provocándose la situación de que cada autor en nuestra historia pasada las ha escrito como consideró al escucharlas.

En ese sentido y en relación a los topónimos y expresiones en dicha lengua, como autor de MAHOH he adoptado para esta saga las grafías más comunes y de fácil lectura, de entre las variaciones de todos los autores consultados y las del archipiélago en conjunto. Por ello, me he tomado la licencia de incluir las palabras indígenas, las frases en lenguas extranjeras, así como los regionalismos, los vulgarismos, etc., en letra cursiva únicamente en sus primeras apariciones en el texto, pidiéndote que les des el mismo valor histórico cuando aparezcan nuevamente en el transcurso de la novela. Sirva esta licencia poética de guiño cortés hacia los que fueron nuestros antepasados y, al tiempo, permita aligerar los diálogos descargándolos de exceso de cursivas.

En el proceso de documentación previo a la escritura de esta saga, quedé personalmente sorprendido frente a la fabulosa y desconocida historia de los indígenas canarios —a pesar de ser ciudadano español—, al tiempo que, descorazonado al advertir el escaso interés suscitado por un periodo tan importante de la historia y cultura de nuestra nación, destaco mi asombro al descubrir el proceso de mestizaje, quehaceres diarios o la innovadora legislación en un siglo XV, todavía perteneciente a la Baja Edad Media.

Decir por último que, durante esa fase de documentación me he procurado de estudios públicos, tesis doctorales, archivos en bibliotecas y variados libros de historia, hasta donde mi alcance ha llegado por no ser historiador. Por ello, si los lectores encontraran algún error o incoherencia, o si la narración de los hechos les provocara cierta discrepancia, vayan mis disculpas por delante.

Índice

I. Amuley (1390)
II. Le Verrier
III. Guglielmo Di Giute
IV. Hacia nuevos horizontes
V. Atenery
VI. Normandía
VII. S-clavo (1396)

I
Amuley

Isla de Erbania, año 1390 de la era cristiana.

Contemplaba a su alrededor impasible la que era su tierra: los confines del norte del reino de Maxorata de la isla de Erbania. La única conocida. Él era un *mahoh*: un «hombre de la tierra».

Disfrutaba de la calma de la que allí se disponía y gozaba de ir a las tierras desiertas de arena blanca donde terminaban los verdes pastos con los que estaba cubierta por entero la tierra que pisaba. A sus cabras les encantaba pasear por aquellas arenas tanto como a él, sentir sus diminutos granos entre sus pezuñas y comerse las aulagas aisladas diseminadas aprovechando el abrigo que las dunas les proporcionaban. En esas arenas blancas era donde se despojaba tanto del rudimentario calzado, tan solo usado para caminar por la piedra seca de los ásperos malpaíses, como del sencillo calzón, ambos de piel de cabra, quedándose únicamente con las dos finas tiras de cuero reblandecidas en grasa, que acostumbraba a llevar ligadas en sus brazos bajo las axilas. Aquel, sin duda, era el lugar donde se encontraba consigo mismo.

Sobre la cresta de esa duna oteaba el inconmensurable y vasto horizonte rodeándolo. En esa calmada tarde lucía un sol resplandeciente cuyo calor atenuaba la fresca brisa marina del noreste. Tras él permanecían las montañas coloradas y blancas destacando su perfil. Toda Erbania quedaba rodeada de vastas aguas de sal infinitas, a veces disimuladas en sus fronteras visibles con el azul del cielo. Frente a él, rematada de nubes grises que a veces daban de llover y casi pudiéndola alcanzar con su mano extendida en ese intento imaginario, estaba la vecina isla de Titerogakaet, que acariciaba perfilando sus cumbres con los dedos en esos momentos como un niño queriendo dibujarlas delicadamente lento, guiñando un ojo a la vez para no salirse de sus márgenes. «Algún día...» se alentaba mascullando para sus adentros, vería su tierra, su isla de Erbania, lejana desde las orillas de esa isla vecina de Titerogakaet —Lanzarote—, de la misma manera que se le mostraba ahora inconmensurable frente a él. En las numerosas leyendas surgidas de los relatos de los ancestros, susurraban al viento lo que otros hicieron en tiempos pasados. Allí vivían gentes semejantes a ellos, según escuchó desde muy niño a algunos ancianos de su poblado: incluso podían entenderse con las mismas palabras, hermanos de la misma Madre Tierra, hijos de un mismo dios separados en su día por el mar, adorando mismas deidades en idénticos rituales. Eso le hacía sonreír con la inocencia de quien, por su corta edad, se cree en posesión de todo conocimiento, pues «¿En qué dioses si no iban a creer? no había otros que los que ya había», pensaba.

Aún más cercana, entre las dos, estaba la pequeña isla de los Perros del Mar —isla Lobos—. Si lo deseaba podía llegar a escuchar viniendo de ella el retumbo de las olas enfurecidas, chocando contra sus ensortijados riscos, estallando en pos en resoplidos de espuma blanca. «Mal ánimo habrán tenido en ese día los *genios* y *maxios* de la pequeña isla para ser azotados esa manera por el inmenso mar salado», se aclaró en su comprensión indígena, con cierta intuición.

Si bien peligrosa, por sus corrientes caprichosas, él se sentía feliz allí nadando por entre ese tramo de mar que se debía de atravesar para dar con la isla de los Perros del Mar. Eran aguas claras de escaso fondo donde abundaba gran cantidad de vida. Quizá por eso pululaban aquellos perros de mar que constantemente los perseguían insaciables queriéndoselos comer. En ese lugar se bañaba y jugaba con esos cariñosos animales que se le acercaban curiosos e insondables bajo oscuras miradas inofensivas.

Allí, tranquilo sobre aquella duna cuan obra de la perfecta creación y templando su pecho bajo un baño de sol, el sonido de su respiración era acallado por el de un cante ancestral que murmuraba en ese soplo de espiritismo dedicado a sus muertos, en un tono lo suficientemente respetuoso para no desentonar en el sonido del silencio nacido de una naturaleza envolvente. A su vez, cerraba sus ojos disfrutando de ese instante con todo su ser para sentir el roce del viento. Caricias contra su cuerpo desnudo con las que era regalado por esa sencilla, pero a la vez solemne ceremonia.

Él fue llamado Amuley, «El Libre con Coraje»; ese era su nombre y así significaba en la lengua de los mahoh.

Amuley ya no adolecía de niñez desde que su cuerpo había cambiado. Era, de los de su poblado, el joven más fuerte y hábil de entre los de su edad. Ya se apreciaba como un hombre. Las artes de lucha y la buena alimentación con las que fue criado le habían conferido músculos finos, recios y firmes. Provenía de un linaje de las tierras del norte, humilde, pero con fama de haber engendrado para su pueblo apreciados guerreros. Él iba camino de convertirse en uno de ellos, un respetado *altahay*. Su vida no estaba siendo fácil, pero los dioses habitaban con él, así lo sentía. A su pesar, un día no muy lejano se despidió de su padre, un destacado líder, un respetado *sigoñe* de guerreros de su poblado que partió con otros altahay hacia el sur y jamás volvió. Su padre murió combatiendo en las guerras contra el otro reino con el que compartían la isla de Erbania: el reino de Jandía. Fue enterrado en una cista improvisada en aquel reino lejano, en un lugar sin marcar en la memoria de ningún vivo, sin saber jamás Amuley dónde poder rendirle homenaje. Al poco, del mismo modo su madre se fue, al sufrir una caída mortal desde unos riscos cuando trataba de rescatar a un cabrito rezagado que balaba pidiendo auxilio, según le dijeron. A partir de esas dos sufridas pérdidas siendo tan solo un niño, fue acogido por las gentes del poblado que se ocuparon de alimentarlo y mantenerlo en las enseñanzas y preceptos de los mahoh, clan y tribu.

 Acompasaba la pierna con un leve movimiento de cabeza en los giros del tono para los susurros emitidos en ese bello cántico entonado por él. Respiraba profundo, se deleitaba: era de sus preferidos. Se lo celebraba a sus padres que lo estaban viendo desde lo más alto del astro solar, Magec, donde ya habitaban todos sus ancestros.

 —Tierra, a la Madre Tierra —decretó en su lengua bajito casi para sí mismo cuando terminó el cántico, dejando caer de entre sus dedos, poco a poco, el puñado de arena aferrado a su mano perdiéndose diseminado por el viento de la misma forma que su mirada en el cielo.

Soñaba despierto que algún día viajaría a la aventura a lugares desconocidos para los suyos, como el reino en los confines del sur de los mahoh, con el que su pueblo llegó a derramar sangre en aquellas guerras donde su padre perdió la vida. Le habían hablado de sus diferentes y escarpadas tierras nutridas de variados tipos de árboles, de frondosos valles repletos de palmeras y arroyos con bellas cascadas de agua. Aún le parecía imposible creer en la propia existencia de un muro alzado a lo ancho de Erbania, para terminar con conflictos que venían tras generaciones entre los dos pueblos vecinos y hermanos de la isla. Los del norte del reino de Maxorata, donde él era siervo, y los del reino de Jandía. «Algún día...», se decía, «algún día...», viajaría a aquellas tierras separadas por varias jornadas. Se había prometido también que algún día sería el primero de su linaje en cruzar a nado a la vecina isla de Titerogakaet, percibida de fondo separando con su pardo horizonte semejantes azules de cielo y mar. No obstante, lo que más le inquietaba a Amuley, cuan oscuro presagio sin compartir con nadie, producto de ocasionales desazones en la noche, eran las oscuras historias relatadas por los ancianos sobre ataques a los mahoh por parte de demonios de rostros blancos, criaturas de tierras infernales, matando en lenguas desconocidas llevándose a los vivos en pos sobre enormes casas flotantes. Estos, al parecer, surgían de entre el crepúsculo destruyendo con saña y llevándose con ellos a hombres, mujeres, niños y cabras. De hecho, algunos tenían conocimiento de familias que salieron con su ganado a pacer y nunca más se les volvió a ver. Pero nunca fue a alguien que conociese, por eso no concebía esas historias como demasiado importantes para él. En cualquier caso, alguna noche disfrutando en vela con sus cabras en la orilla del mar abrigado por esas dunas, había visto resplandores en las costas de Titerogakaet y él se preguntaba si serían aquellos los demonios que se llevaban a sus pobladores en la noche. No obstante, él mismo respiraba serenándose el espíritu, madurando la posibilidad de ser grandes hogueras como las suyas encendidas para los días señalados. Así mismo se henchía de fuerzas ante esas posibles amenazas y otras más, pues se sentía preparado para luchar si fuera necesario y defender con ello a su pueblo. Sabía manejar todas las armas con soltura: la onda, la vara, la *macana* y el *tezzese* largo y robusto de acebuche que siempre llevaba con él; junto con el *tafiague*, su pequeño cuchillo de pedernal. Al mismo tiempo estaba entrenado para utilizar con gran destreza la lucha a manos vacías en un cuerpo a cuerpo. Él era un guerrero altahay del reino de Maxorata.

 Su vida, en conclusión, pese a la no presencia física de sus progenitores en comparación a otros chicos de su edad y a esos miedos sin importancia que advertía tan alejados de su realidad, era satisfactoria, y no conocía la desdicha en su presente. Disfrutaba de las tareas diarias y de la libertad de pastorear su rebaño por donde quisiera en los alrededores de su poblado. Sin embargo, en los últimos tiempos la vida en la aldea le estaba resultando monótona, se ahogaba en esa vasta tierra. Amuley soñaba y soñaba con explorar, vivir aventuras y conocer lugares lejanos. Se encontraba en una edad de búsqueda y los límites de su territorio le resultaban cada vez más pequeños.

Vivía en la aldea de la Montaña de los Saltos, sobre un pequeño altiplano arcilloso del malpaís de la Arena. Varias familias de diferentes linajes convivían pacíficamente en ese poblado, que no distaba dos palmos de sol a pie de la montaña sagrada de Tindaya, la cual tenía el privilegio de ver desde la misma entrada de su hogar.

Conocía el interior de otras aldeas del norte de Maxorata por donde viajó acompañando a algún familiar realizando trueques. Pero para él, aquella en la que se crio, era la mejor con diferencia. Disponía de un manantial de agua dulce brotando perseverante de la roca todo el año y así venía siendo desde sus padres y los padres de sus padres. De esa fuente se recogían las aguas necesarias abasteciendo así a habitantes y animales —cabras, ovejas y cerdos—, del poblado; además de dar de beber rellanos y bancales de grano y frescor al pequeño palmeral, refugio apacible de tardes calurosas para muchos ancianos, sobre todo. Incluso en la noche aparecía a abrevar parte del ganado *guanil*: aquellas cabras sin marcar con un tajo en las orejas, viviendo libres ligadas a esa fuente y al poblado en consecuencia, reservando la comunidad ese ganado a los necesitados de él por alguna mala época que les sucediese.

La aldea de la Montaña de los Saltos estaba en una ubicación perfecta, rodeada de zonas de piedra seca, pero con extensiones de tierra blanda, arenosa, en tonos bermejos, fértil y en abundancia de pastos en la época de lluvias. Su posición permitía la observación de todo su entorno hasta lo que daba la vista a un ser humano. Aun emplazado en esa elevación, quedaba resguardado del viento entre varias formaciones rocosas, quedando oculto desde la distancia a la vista de extraños que desconociesen su ubicación. Numerosas casas semienterradas para evitar el frío y racheado viento del norte, como el fuerte y caliente del este, de donde emergía Magec con furia en ocasiones. Construidos robustamente en piedra seca y barro, esos hogares quedaban diseminados en la planicie de la gran hondonada resultante entre las montañas de la Arena y de los Saltos. *Gambuesas* y corrales para el ganado se intercalaban entre ellas. Era un lugar tranquilo y apacible donde el respeto a las tradiciones de la comunidad se vivía como lo más importante.

Amuley conocía hasta el último rincón de aquellos parajes del extremo norte del reino de Maxorata, arriesgándose a tropiezos como los que ya había llegado a tener con sus gentes al internarse pastando con el ganado sin permiso del consejo del lugar en concreto, causa suficiente para llegar a iniciar un verdadero conflicto entre aldeas difícil de resolver —uno de los grandes motivos que provocaron las guerras entre los dos reinos, según advertían sus mayores—. Las cabras eran la excusa perfecta para explorar y aventurarse por entre esas tierras ajenas, saliendo al paso haciéndose el inocente cuando advertían su presencia, marchando por donde había venido sin llegar a más; por suerte nadie presentó ninguna queja de él a su Consejo de Ancianos, sus incursiones furtivas nunca llegaron a tratarse en el *tagoror*. Los vecinos de su edad no poseían sus mismas aspiraciones de aventura ni esas íntimas ansias de búsqueda, sin embargo, sabía que dar rienda suelta a esas pretensiones tarde o temprano, le acarrearía ciertos conflictos al alejarle de otras muy diferentes. La más importante de ellas, una hermosa hembra deseada para él, «Aquí, la Bella», era su nombre y así se llamaba en su lengua: Atenery, una joven de su poblado por la que sentía intensa atracción, ambicionando el enlazarse con ella el día predestinado por los dioses.

Hacía algún tiempo que, tan solo el pensar en esa hembra con la que creció jugando en su aldea, le provocaba un despertar sexual irrefrenable. Su naturaleza, como la de él, cambió, percibiéndolo en mayor medida en esos últimos tiempos: sus piernas se torneaban duras y estilosas día a día, sus pechos y nalgas apretaban voluminosamente su piel desde adentro, encontrándola toda ella realmente apetecible, a su pesar, no solo para él sino también para otros jóvenes del poblado, y ahí sentía el deber de andar presente. Hacía honor a su nombre, cual presagio de sus padres, que «Aquí la Bella» la llamaron, pues era ciertamente la joven más hermosa nunca vista. Sus largos cabellos ligeramente modelaban un luminoso semblante cayendo mecidos bajo sus inacabables lomos bronceados, radiantes cuando un sol coincidía incidiendo sobre ellos pareciendo iluminarla; elevaban hondamente su seducción sus maneras frescas y peculiares de hembra dura sin perder una pizca de «eso», que Amuley no sabía citar en su inexperiencia llamándose feminidad, un valor que a la postre atesoraría en una mujer. El más puro equilibrio en bellos matices que dispusiera un ser, única en su especie para Amuley. No era más que Atenery, verdaderamente, lo que se interponía entre la realidad de su aldea y esos sueños particulares de aventura. Se consideraría un acto deshonroso, para la familia de ella y el poblado, si se marcharse a explorar otras tierras tras su casamiento dejándola sola en el hogar. Tan solo con pensarlo se avergonzaba de sí mismo. Aquel era el mayor conflicto personal en su presente, algo que para otros no tendría mayor importancia, como lo sería en un futuro no muy lejano para él.

Amuley andaba con la cabeza desordenada esa tarde. Siendo íntegro con él, a todo no podía aspirar. En su madurez debía de tomar decisiones serias y por esa razón llegó hasta allí, hasta esas dunas del norte del reino con su rebaño: para ver si encontraba un poco de claridad en sus pensamientos, pues lo pasado junto a Atenery el día anterior lo sentía aún muy presente.

Atenery tenía ganas de conocer algunos lugares especiales de los que Amuley le había hablado en alguna ocasión y decidieron salir a visitarlos. Antes de despuntar el sol ya deambulaban hacia su destino por un sendero entre praderas de pasto, húmedo por el relente de la mañana, repletas de cuernudas, tabaibas y de los vivos colores de líquenes amarillentos que destacaban a la poca luz, asomando su brotar sobre las negras rocas desperdigadas por aquella tierra.

Ya lucía el sol cuando subieron hasta la cumbre de la montaña de la Arena donde las vistas impresionaron a la joven. Desde ese punto se podía observar desde la isla hermana de Titerogakaet, hasta lo que la vista alcanzaba del reino de Maxorata. Y en aquel lugar se sentaron un largo rato para descansar de la extenuante subida compartiendo tanto unos sabrosos higos negros tomados de un árbol cercano, como unos dulces dátiles tostados al sol traídos por Atenery, y que esta introducía juguetona en la boca de Amuley, uno tras otro, mientras le sonreía callada. Esa mañana Atenery desprendía una luz especial: embellecida en pintaderas sinuosas en espiral por sus brazos con carboncillo de pavesa fina, tintados sus carnosos labios con glándulas de moluscos mostrándolos tan gustosos como sus dátiles. «Y su mirada…», pensaba aturdido por ella Amuley, esa mirada única presentada más que indomable con trazos de ceniza extendidos con delicadeza alrededor de sus cautivadores ojos en verde templado, procurando sumo respeto no solo al mirarlos de cerca, sino tan solo coincidiendo con ellos en la misma distancia. «Y esa tira…», repasaba ladeando su cabeza, embelesado por la elegante tirilla de cuero recogiendo su melena sobre la frente, mostrándose atractiva como nunca. «Parece hembra madura», admiraba Amuley. Su aspecto en esa mañana lo intimidaba bastante, tal vez como nunca. A diferencia de él, que como macho estuvo más pendiente de qué arma iba a portar por si salía algún animal que poder atrapar, ella sí se había acicalado para la ocasión.

Amuley, rememorando, se sonreía para sí en ese momento de calma en sus dunas, excitado por un brioso ardor que le recorría el vientre desde el día anterior con ella; iluminándosele la cara cuando recordaba el cómo, y sin saber por qué razón extraordinaria, los dos quedaron hechizados mirándose en un soplo interminable. «Sus ojos, qué ojos», pensó, lo que podía llegar a hacer sentir una mujer con su mirada a un hombre, profesando para él el mutuo calor latente de la pureza misma del instante. Un brusco escalofrío en forma de golpe de aire lo sacudió desapaciblemente en la cima misma de esa montaña, poniendo fin al embrujo con consecuencias inesperadas en sus cabellos, pero sobre todo en la piel de Atenery: quedaron los dos sonrientes al observar cómo, repentinamente, las aureolas de ambos pezones casi siempre desnudos se encogieron de forma natural por el efecto de esa brisa fresca que por sorpresa los quiso tentar. Amuley ladeó la cabeza con taimada sonrisa, sintiéndose el más afortunado de los machos en aquella cima.

Ya habían pasado dos lunas llenas desde el equinoccio del fin estival y después de un periodo de calma el viento comenzaba a levantarse de nuevo, sintiéndose la frescura que llegaba con él. Llegaba la época fría.

—Bajemos, hace frío —recomendó él.

Continuando su camino le enseñó los curiosos huevos de color azul, como teñidos de mar profundo, que los cuervos ponían entre las oquedades de piedra seca en las alturas de esos lugares casi inaccesibles. Mientras, Atenery contemplaba alegre cómo las hembras volaban cerca de sus nidos defendiendo su territorio ante su presencia, haciendo resonar el eco de sus graznidos entre las pendientes de ese agreste barranco en diferentes tonos, pareciendo deshacerse con tan solo mirarlo. La joven, poco acostumbrada a salir del poblado, quedaba fascinada con todo aquello.

—¡Ven, corre conmigo, te voy a enseñar algo tenebroso! —dijo Amuley agarrándola de la mano, mientras corrían ladera abajo escurriéndose en tramos divertidos sobre la arena propia del lugar, desconociendo como indígenas su origen volcánico y que, desprendido, las cubría con su manto. Rieron mucho, los dioses acompañaban en ello a los dos en ese día.

—¡Para, para, para…! —exclamó una vez llegaron a aquel lugar conocido por él—. Ven… cierra los ojos.

La agarró de nuevo firmemente desde atrás por ese motivo y por otros muchos que la atracción le pedía,

como el poder olerla refugiado tras su mirada deleitándose con su penetrante fragancia de hembra joven.
—No los abras aún —le recomendaba cariñosamente. En tanto, la forzaba a caminar a pasitos cortos siguiéndolos él con los suyos, poco a poco, para avanzar hacia delante muy despacio y con seguridad. Ella se sonreía algo nerviosa e insegura por lo que pudiese ocurrir a continuación, siguiendo a pies juntillas ese juego que Amuley planteaba augurando una sorpresa. Apretaba bien los ojos, pero no los tenía cerrados tan solo por esa razón, lo de menos era lo que viniese después: ella a su vez, como le sucedía a él, asimismo se encontraba seducida sintiéndose tomada por los fuertes brazos de los que disponía la naturaleza de Amuley.
—Ahora, ¡ábrelos! —exclamó para asustarla.
Atenery dio un respingo hacia atrás aprovechando Amuley para abarcarla del todo, quedando los dos fusionados echando un vistazo a lo que tenían delante: un oscuro y profundo agujero quedaba bajo sus pies.
La había llevado justo hasta el borde de la boca de un tubo volcánico, de unos veinte pasos de ancho perdiéndose en las profundidades de la Tierra y del que podía escuchar un tenue pero inquietante silbido surgiendo de sus entrañas.
—¿Es esta la Boca del Diablo? —preguntó Atenery.
Sabía de su existencia porque se contaban en su poblado leyendas, historias imprecisas a las que no daba importancia, como las de los demonios del mar raptores de sus gentes o esas de cabras o niños que en un tropiezo habían caído en el interior de esa sima sin volver a saberse más, quedando sus padres malditos o enloquecidos para el resto de sus vidas. Los desperdicios de antiguas ofrendas realizadas allí podían llegar a

confirmar esas historias, pese a ello, directamente, no conocía a nadie al que le hubiese sucedido y eso la tranquilizaba algo. La joven, un poco compungida, trabó sus manos con las de Amuley sin perder de vista la tenebrosa sombra donde se perdía ese agujero que silbaba, como si el espíritu de alguno de esos niños caídos se lamentase desde sus incalculables profundidades. Amuley, por su inexperiencia con hembras, en ese momento de efervescencia de sus sentidos no fue consciente de las señales de miedo que emitía Atenery y aprovechando la cercanía con ella la besó lentamente a lo largo de la tersa piel de su cuello. Sin embargo, pese a aceptar ese gesto como proveniente de ese regalo de amor tan deseado, residía absorta en una lóbrega sensación que entrecortaba su respiración en esos instantes cual sombrío presagio, mientras adentraba su mirada perdiéndola en la oscuridad de esa sima, como puerta a un desconocido mundo subterráneo de criaturas desconocidas.

Repentinamente, varias pardelas salieron del agujero en desbandada, rozando una de ellas a Atenery, se asustó y protegiéndose con sus brazos, demandó el irse de allí cuanto antes; exageradamente alterada para como creía Amuley que podía llegar a ser. Aquella reacción causó cierta sensación de culpabilidad en él, rumiando que ese inesperado cambio en ella se debía a esos besos dados sin pedir; habiéndola hecho sentir incómoda con ellos, creyendo con ese atrevido acto el haber provocado un deterioro en la fuente de energía que los hechizaba en esa mañana.

—Vámonos, por favor, llévame a algún sitio más alegre, por favor… por favor te lo pido… —suplicó visiblemente contraída, como queriendo esconder su cabeza entre sus propios hombros, dejando a Amuley si cabía más contrariado con ese inesperado comportamiento: «Mujeres...», pensó sin saber.

—¡Fu!, ¡fu-feeeéi!, ¡fui-fufiiú! —resultándole familiar ese silbido en la lejanía. Sabía de quién venía: la distancia, el tono de urgencia y su significado. «Amuley, ven para acá», silbaban, traduciéndolo él a palabras con naturalidad. Era uno de los chicos de la aldea corriendo hacia él acortando distancia.

—¡Un gran pez azul ha venido a morir a la playa Alzada! —decía su voz en grito claramente agitado por la noticia al ir acercándose—. Un primo mío lo ha visto y ha ido a avisar a la gente de la aldea, ¡rápido! está aquí cerca, si salimos ya llegaremos de los primeros.

Apenas terminar la frase, los dos corrían veloces por entre las dunas, volando por encima de las pocas rocas que se cruzaban, sorteando matos y saltando aulagas ayudados por sus largos tezzeses a modo de pértigas. Mientras corría, Amuley se sentía vigoroso, con el poder de hacer todo sin estar atado a nada ni a nadie. Corriendo disfrutaba, le aportaba la mayor de las libertades. Sin embargo, un frugal e irremediable pensamiento de culpa por querer ser libre, le devolvía a las sensaciones vividas intensamente el día anterior con Atenery, inundándole el interior y estremeciéndolo con una extraña mezcla de compromiso y miedo a la vez. Realmente había sido un día especial y decisivo el que pasó con ella: por esa razón estaba tan contrariado.

Bufando durante esa vertiginosa carrera hacia la playa para llegar a ese gran pez azul, le perseguían imágenes del hermoso día anterior que fue digno de recordar: tras marchar de la tenebrosa Boca del Diablo, Atenery y él, se dirigieron a la carrera hasta el barranco Encantado, donde jugaron a esconderse durante largo rato entre los estrechos recovecos de paredes de arenisca esculpidos por el paso de torrentes. Era un lugar enigmático, donde las desgastadas formas de los taludes se asemejaban a rostros de genios del lugar, según decían los ancianos, sobresaliendo del estrecho barranco. Atenery, al llegar allí, cambió su ánimo tras el oscuro agüero anterior volviendo a ser la misma de siempre, disfrutando de la enorme sensación de intimidad junto a Amuley regalada por aquel paraje. Al poco y agotados por el entusiasmo, se tendieron en la fina arena de uno de esos pasajes abiertos a través del barranco, observando dos de esos rostros perfectamente esculpidos a punto de besarse, enfrentados a cada lado de aquella quebrada.

—Mira, ese soy yo —decía señalando al de aspecto masculino con nariz prominente—, y esa tú —señalaba, sonriendo, la cara opuesta de la pared, mientras la asía y mecía hacia los lados suavemente con un ligero vaivén para recrear, en ese movimiento, el efecto visual de las dos siluetas de arenisca besándose. Amuley, en ese instante, giró hacia él con inexperta decisión el rostro de Atenery, rozando sus labios con los de ella en el mayor respeto a las proporciones de las cuales era capaz de componer en ese primer beso que daba en su vida, en tan gustoso sabor para él, como similar simetría de irrefrenable pasión que poseía. Con la más pura de las dulzuras de que pudo disponer y el mayor de los deseos, lo continuó, más y más lento, curioseando con su lengua mientras acariciaba tembloroso su tornasolada mejilla, teniendo la precaución de que unos dedos robustos y ásperos como los suyos actuasen con la más tierna delicadeza para hacerse sentir y recordar bonito. Atenery cayó rendida a ese cariño intenso del momento deseándolo tanto como él, y yacieron desnudos sobre la arena fresca del barranco ocultos bajo las sombras; proporcionándose todos los placeres sexuales deseados mutuamente que improvisaban en ese instante, sin miedo a lo prohibido, pues ese deseo era algo originario de la naturaleza misma de la diosa Madre Tierra, tal y como rezaban las tradiciones de los mahoh.

Atardecía. La luz del día se extinguía lentamente, de la misma manera que se apagaba la vida de ese gran pez. Aún sin haber llegado nadie de la aldea, allí estaba él con el único sonido de las olas del mar y su respiración entrecortada. Caminaba prudente a su alrededor embriagado por la emoción de la situación, intentando calcular sus dimensiones: era enorme ese pez que la marea alta había dejado allí sobre la arena. Observaba leves movimientos en él. Se preguntaba qué le habría pasado, si tendría dolor, si sufriría, si se habría equivocado de camino deslumbrado por el sol o si estaba allí porque voluntariamente quería morir en paz.

Su mirada coincidió con uno de los ojos de la ballena, casi del tamaño de su cabeza. Lo movía, lo miraba, podía ver la imagen entera de su cuerpo en pie reflejada en el interior de su formidable pupila. No sabía cómo ayudarlo y, frustrado, puso las manos apoyadas sobre el gran pez. En ese instante sintió cómo un escalofrío le recorría todo el cuerpo por completo percibiendo la energía que aquel animal tenía en su interior, esfumando por completo la sensación de frustración que arrastraba, colmándose de cierta paz. La misma paz pudiese estar sintiendo ese animal, concretó.

Una mano extraña se apoyó en su hombro con afecto. —Está en armonía con la naturaleza, quiere serenidad. Ha venido hasta aquí porque ha cumplido su misión en la vida y el dios del Mar completa su ciclo con la Madre Tierra—. Eran palabras de Buypano, el hechicero del norte de Erbania, responsable en esa ocasión de la ceremonia a falta de la gran sacerdotisa Tibiabín, que apreciaba y respetaba a Buypano como a un igual. Todos sabían que era un hechicero especial que curaba con sus manos y ciertas plantas, encargado de las ceremonias de la montaña sagrada de Tindaya y de la cueva del Llano Verde.

Numerosos vecinos de la aldea comenzaron a acudir a esa llamada. Hasta esa playa llegaban casi todos los que podían acudir por su propio pie, y los que no, venían siendo ayudados por los demás; incluso los ancianos mayores fueron traídos a espaldas de algún guerrero. Aquello era tal inusual que nadie quería perdérselo. Mientras los del consejo debatían en corrillo en un tagoror improvisado los posibles presagios de ese varamiento, los demás quedaban mirando la increíble y majestuosa imagen de ese extraordinario ser proveniente de las profundidades del océano. Ninguno recordaba haber visto uno tan descomunalmente grande. Decían los ancianos que ese tipo de peces eran especiales, que tenían un alma antigua, que cuando venían a morir a las playas era motivo de buenos presagios. El esperado por todos, ese día, debía de ser increíblemente bueno, se decía Amuley para sí advirtiendo el tamaño de aquella ballena.

La luz se iba con el día dejando un horizonte brumoso y gris sobre el océano, entretanto las gentes no paraban de llegar con troncos, ramas y arbustos secos encontrados a su paso hacia la playa, como era costumbre para hacer la hoguera, sabiendo que la noche iba a ser larga. Otros traían consigo cestos, odres y vasijas de barro para portar de vuelta porciones, aceites o sebo de aquel pez una vez terminase todo. Las aldeas del norte se estaban avisando entre ellas y al aparecer, familias y conocidos se alegraban de volver a verse. La ceremonia tenía todos los ingredientes para ser especial y multitudinaria, como las que se celebraban los días señalados a las que acudían los habitantes de todas las aldeas, incluidas las rivales por diferentes motivos, pues en esos ritos se apartaban los asuntos mundanos para darle prioridad a lo verdaderamente importante para los mahoh.

En tanto se acomodaban y abrigaban, ancianos, mujeres y niños, los notables de diferentes aldeas seguidos de sus guerreros altahay, conversaban y se saludaban solemnes mostrándose así respeto, mientras algunos jóvenes andaban prendiendo la gran hoguera que iluminaría la ceremonia y daría calor a la fría noche en la costa. Fue entonces cuando apareció Atenery y, tal que la razón de Amuley, el tiempo quedó ralentizado, las corrientes cesaron y el océano permaneció en silencio por instantes. Era bella con crueldad, ferozmente pura y salvajemente hembra como nunca había visto. El único ser humano que le provocaba el descubrir, por primera vez en su vida, el sinfín de sentimientos novedosos de los que nunca disfrutó: la alegría desmedida, el reconocimiento como macho único por esa hembra insuperable, las caricias en su alma herida con su mirada. Todo podría ser posible a su lado, tal que si anduviese sentado sobre la cima del mundo conocido, y lo mejor de todo era que los dos lo sentían mutuo e inabarcable a ojos ajenos. Sin embargo, por otro lado, ese torrente de emociones lo aterraba contradiciéndolo.

Venía con sus padres acercándosele entre esa multitud y aun sin despertar Amuley de aquel agradable impacto, sostuvieron la mirada con una sonrisa de vergonzosa satisfacción por los secretos que se confiaban del día anterior en el barranco Encantado; convencidos de saber que no había dudas en los sentimientos que los dos albergaban y que nada les impediría tener toda una vida por delante para demostrárselo.

Recordar su olor y su piel, producía una excitación en su ser que no le provocaba ninguna otra cosa en la vida. Y en ese momento también la encontraba igualmente bella, como en todos los demás. Sus cabellos oscuros, ligeramente ondulados por la humedad, caían por debajo de sus hombros acariciándole el contorno hasta sus nalgas. Sus ojos verdes le conferían una mirada seductora tornándose inocente con su expresión al mirar a Amuley. «Es... increíblemente bella», se repetía. Esa noche se había cubierto por entero, como todas las mujeres, con un *tamarco* de piel de cabra gruesa propia para una noche fresca, que le colgaba de uno de los hombros atribuyendo a su talante si cabía mayor entereza y madurez. Amuley quedó sonriente, feliz de verla allí, sabiendo que pasarían juntos la noche el uno cerca del otro.

El silencio se rompía con los murmullos de los aldeanos respetando la solemnidad en la lenta muerte de ese animal. De fondo sonaban las olas y el crepitar de las maderas ardiendo que, por efecto del calor, hacían volar diminutas pavesas empujadas por el viento hacia las dunas. La gente acariciaba el animal en silencio, otros le susurraban buenos deseos en su viaje. Trataban al pez con el mismo cariño que tratarían a un familiar moribundo, pues estaban agradecidos de que hubiese elegido ese lugar para morir. Entre tanto, los ancianos ocuparon un sitio privilegiado en el centro del gran semicírculo formado entorno a la hoguera frente al gran pez azul. Con la noche ya cerrada y la única luz del fuego, terminando de llegar aldeanos rezagados, la ceremonia dio comienzo.

Tímpanos de piel curtida bien tensados sonaban al unísono en un toque lento y acompasado, con la misma frecuencia con la que sonaban los corazones de los allí presentes. ¡Pom-pom-pom! Y por cada tercero una palmada emitiendo un corto alarido. Cabezas y pies llevaban el compás. Ancianos y guerreros comenzaron sus característicos sonidos guturales irrumpiendo de lo más adentro de sus gargantas. Buypano, el hechicero, realizaba los ritos cara a la hoguera seguido por la silueta de su sombra sobre el ya tornado perfil oscuro de ese gran pez, en el que tan solo destacaba su ojo ardiente ante el reflejo de las llamas. Esa ceremonia era en su honor.

La sintonía cesó al unísono y Buypano comenzó un discurso alzando sus manos dirigidas al gran pez:

—¡Oh, diosa Chaxiraxi, Madre Naturaleza! ¡Y tú, Achamán, dios Supremo Sustentador del Cielo! ¡Oh, Achuguayo, dios de la Luna! ¡Y a ti, Magec, dios del Sol en lo más alto de la bóveda celestial que ahora descansas, guardando en tu seno los espíritus de nuestros antepasados...!

» ¡Oh, dioses del cielo en forma de estrellas parpadeantes y grandes genios del mar! Agradecemos este regalo que habéis traído a los mahoh, pues sabéis que nuestro pueblo siempre ha respetado vuestras criaturas, tomando lo que hemos necesitado del mar salado en armonía con él —se detuvo, dejando una solemne pausa—. Gracias por este regalo en forma de grande entre los grandes, este gran pez azul —evocaba elevando sus brazos como si quisiera abarcar con un abrazo algo imaginario en la bóveda celestial. La multitud atendía en silencio. Tomó otro cuenco con más leche y se lo ofrendó al gran pez, continuando el discurso— ¡Oh, majestuoso gigante de las profundidades!, estamos honrados de que quieras morir aquí, en nuestra tierra. En agradecimiento haremos que tu muerte sea en paz y que tu espíritu se marche en armonía entre nosotros —terminó mientras se acercaba al gran pez derramando sobre él el resto de la leche de cabra, esperando paciente hasta que cayese la última gota.

Buypano, enfático, continuó; esta vez se dirigía a los presentes que escuchaban el rito con la solemnidad propia de un pueblo fiel a sus tradiciones.

—¡Chaxiraxi, diosa Madre de la Naturaleza, cuida del espíritu de este pez nacido antes que todos nosotros, en el mar profundo, testigo de lugares jamás imaginados por los mahoh! —pausó para respirar y alzar la mirada al cielo nuevamente, continuando—: ¡Cerraremos el círculo de este ofrecimiento, tal y como otros seres se ofrecieron a él para que viviese durante tantos ciclos!

Tomó de nuevo el cuenco con más leche, se arrodilló y lo fue vertiendo sobre la arena trazando un círculo. Los tambores volvieron a sonar contenidos y bien conducidos por los cantos guturales que sobresalían a los siseos armonizados del resto. Amuley aprovechó el final del discurso del hechicero para sentarse junto a Atenery, a la que miraba de reojo desde hacía rato sin poder apartar su atención de ella. Admiraba sus duras piernas entrecruzadas que en esa postura le hacían resaltar su estrecha cintura, sus labios carnosos y turgentes pechos jóvenes ajustados a la piel bien curtida que vestía, sostenida únicamente por un femenino lazo hecho de una delicada tira de cuero. La luz de aquella hoguera en su rostro la reflejaba apasionadamente irresistible. Llevaba el colgante regalado por él días atrás, hecho de pequeñas conchas de burgados perforadas con un significado importante para Amuley, ya que él se sentía con el mismo espíritu ermitaño y errante de esos animalillos rojos habitantes de conchas ajenas. Atenery, por su parte, con apreciar el sugestivo y particular olor a hombre de Amuley, ya se deleitaba. Pasado un rato rozándose las manos por ambos dorsos con delicadeza, entrelazando sus dedos con discreción junto a los padres de Atenery, esta lo tomó de la mano y los dos se apartaron de la muchedumbre y corrieron tan libres como únicamente ese momento podía contribuir: libres y seguros como sus pies desnudos en la noche, rodeados de interminables arenas frescas, con la calma de lo no prohibido, la pasión de la juventud, la embriaguez del amor, la locura del deseo ocurriendo en una duna cercana pero aislada, donde se desnudaron y yacieron de nuevo con la energía de dos almas llevadas por el ímpetu de la irrefrenable sexualidad que siempre regala la adolescencia.

El ritual se alargó durante toda la noche. Las decenas de nativos del norte del reino de Maxorata que se prepararon para la muerte del animal habiendo cantado, bailado y compartido con los demás sus carnes, pescados secos y quesos de diferentes aldeas, ya hacía bastante rato que dormitaban plácidamente arropados, con sus pieles y en silencio, en ese crepúsculo del amanecer que aclaraba el horizonte. Atenery y Amuley habían vuelto al lugar de la ceremonia poco después de haberse marchado a seducirse para, de esa manera, no restar importancia ni respeto al acto. Ella dormía en ese momento como casi todos sus vecinos, descansando su cabeza protegida sobre el regazo de su amado que, despejado de sueño por la agitación propia de la pasión, acariciaba sus cabellos sintiéndola más cerca que nunca, como si formase parte de él en una extraña y a la vez armoniosa prolongación de su cuerpo. Amuley no perdía de vista con curiosa admiración a Buypano, reavivada su figura con aquellos primeros rayos de sol iluminando su rostro.

—¡*Maaaaageeeeeec*!, ¡Resplandece y alumbra con tu fuerza lo que aquí ocurrirá gracias a ti, pues el espíritu del pez ya marchó en paz! —Despertó a todos los presentes esa plegaria del hechicero al dios del Sol emergiendo por levante. Esas palabras, dichas a viva voz, animaron a todos a desperezarse torpemente y saludar a Magec como todas las mañanas—. ¡Adelante! —indicó Buypano a dos guerreros preparados junto al animal que, a su orden, hendieron en su cuerpo inerte afiladas piedras, desgarrando la piel del gran pez de un extremo a otro. La ceremonia tocó a su fin y sonaron más fuertes que a su tono los tímpanos de los tantanes de barro cocido, destensados por la humedad y por haberlos forzado durante la larga noche. Se cantaban canciones de júbilo y alegría, a diferencia de las solemnes entonadas anteriormente, pues residían dichosos de aprovecharse del enorme y beneficioso cuerpo que el espíritu de ese animal había dejado ahí tendido y extinto.

Con la sangre aún caliente del pez, un trasiego de gente se disponía a transportar a sus aldeas suculentos trozos de carne para orearlos al sol. Otros, con la misión de salarlos, fueron a recoger sal de los charcones para comenzar cuanto antes. Con numerosas vasijas recogían la grasa. Los grandes huesos serían utilizados como herramientas o armas. Todos pululaban entusiasmados, pese al duro trabajo que estaba suponiendo descuartizar a un animal tan grande.

En las coincidencias de sus tareas en esa mañana, Atenery sonreía pícara a Amuley, recordándole cómo la tomó poco antes, mientras a su alrededor nadie sabía de aquello, dedicados por entero a esa actividad que había unido de nuevo a las aldeas en diferentes compromisos tratados esa noche, confraternizando así algunos linajes del norte de los mahoh. La ocasión ciertamente lo merecía.

Amuley escurría con sus manos la sangre de un pesado trozo de ese animal por entre los charcones de las lajas sobre la rompiente del mar cuando, de pronto, sintió una presencia extraña. Alzó la mirada y vio algo que lo dejó atónito. El encuentro con algo tan sumamente inesperado por primera vez en su vida chocó contra él tan fuerte que lo dejó inmóvil, y no daba crédito a aquello de lo que estaba siendo testigo. Ni siquiera una alucinación podría imaginársela tan incomprensible, no podía creer lo que tenía ante él. Parpadeó repetidamente aclarándose la vista y *eso* seguía allí. Desconocido, inexplicable, insólito. «Pero, ¿eso es un hombre?», estudió raudo. Sí, tenía aspecto de hombre, pero de una raza extraña: de tez sonrosada, de aspecto sucio y vestido con pieles de colores, brillos y texturas como nunca había visto. Este clavaba su mirada feroz en él con firmeza, con una sonrisa a medio hacer forzada en mueca vil en su rostro. Tras él, otros más como él lo seguían con cabezas que brillaban tal que un mar centelleante.

«¡No puede ser!», se recriminó. El viento soplaba de poniente, por eso no los llegó a oler, por eso lo habían sorprendido, se lamentaba: innatos razonamientos propios para una frustración inicial en un verdadero altahay de los mahoh. Parecían guerreros, no eran como él, no eran de Erbania. «¡Los demonios del mar de los que hablaban! ¡Eran ellos!», reflexionó de inmediato, en un breve instante de turbación resurgiendo pronto por el grito de una mujer que, cerca de él, veía cómo sus hijos eran arrastrados por las cabelleras de manos de esos extraños visitantes que allí llegaron atacantes.

De los brazos de Amuley cayó instintivamente el trozo del gran pez que sostenía. Se percató por intuición de que su lanza y cuchillo de pedernal no se encontraban a mano, fallo imperdonable para un altahay. Estaba dispuesto para un encuentro violento en su mente, imaginado de mil formas para las que se había entrenado; en todas ellas preparado, reaccionando metódico contra la amenaza en su interno estudio mental, pero de improvisto quedó sin recursos ante lo que parecía irreal tan solo de pensarlo, profesando que, algo así nunca llegaría a suceder; que lo real, a lo que se enfrentaría, era a conflictos entre poblados o como mucho con los mahoh del otro reino de la isla, más propio de leyendas que de realidades. Sin embargo, ahí estaba él y frente a él ocurría sin remedio. No podía estar sucediendo de esa manera, no podía resultarles así de fácil a esos demonios del mar. Sintió todo aquello, más que otra cosa, porque ni siquiera le dio tiempo a pensarlo en ese efímero impás. Su esforzado adiestramiento como altahay le brotó en ese fugaz soplo de tiempo mecánicamente, como si el dedo de alguno de sus dioses lo rozase, dotándolo de sus elementos sin ningún miedo a la muerte, con arrojo; con una desmesurada energía calculada desconocida para él, en ese su primer combate auténtico e irreal a la vez, que se le mostraba inevitable. Ese era el momento en el que un altahay debía de defender a su pueblo, incluso hasta morir.

En lengua extraña escuchaba cómo esa especie de hombres sonrosados de cabellos grasientos se indicaban algo entre ellos. No podía entenderlos, y en ese mismo instante se abalanzaron sobre él. Amuley se zafó con una rapidez que sorprendió a sus atacantes. Uno de ellos intentó inmovilizarlo por la espalda rodeándolo con sus brazos, pero se soltó con pericia encarándosele. El joven de pronto tomó una postura original para esa gente: quedó en la guardia de los guerreros de los mahoh. Agachado y con los brazos hacia delante sobre las piernas semiflexionadas, en un rápido movimiento trabando una de las corvas de su oponente, lo levantó con el hombro retrasado con toda potencia, proyectándolo con destreza hacia atrás, cayendo áspero de espaldas; instante que aprovechó para saltar sobre él y comenzar a ahogarlo, ejecutando una mortal pinza en su cuello con los brazos. «Otro error», pensó nuevamente, «¡levanta, Amuley!». Los otros demonios, con sus extrañas armas y cabezas resplandecientes, reculaban agudizando sus sentidos ante ese resuelto movimiento con método de aquel salvaje que ahogaba en ese intervalo a su compañero, retándolos con rostro de fiera. No obstante, quebrada su voluntad inicialmente, no tardaron en abalanzarse sobre él. El joven altahay, llevado por el aparente valor que insufla a pocos elegidos la supervivencia, saltó con agilidad comprometiendo su vida, poniendo en práctica con el máximo de su fuerza y voluntad, todos los conocimientos de lucha de los que podía disponer en su interior. Con resultados inicialmente notables y en una aplicación pronta de sus destrezas en defensa, esquivó con agilidad, uno tras otro, los amenazantes palos brillantes siseando demasiado cercanos a su alrededor por todas las direcciones posibles para tajar o pincharlo, replicando Amuley con certeros golpes de mano a los que los empuñaban al retomar su guardia tras lances y lances fallidos sobre su cuerpo. De un salto y al vuelo, propinó un sonoro rodillazo en la cabeza de uno de ellos derribándolo al instante, como muerto. De seguido, detuvo a otro de un seco e inesperado codazo pivotando sobre sí mismo en un giro perfectamente ejecutado, desplomándolo con un chasquido metálico salpicado por todo su peso sobre un charcón cercano, tan lánguido al caer que soltó uno de esos palos resplandecientes. Amuley quiso recogerlo con el único fin que defenderse por mera supervivencia, pero otro se lo impidió cruzándose en sus intentos, abatiéndolo

Amuley con un seco rodillazo en plena cara, ayudándose del empuje de sus manos en el cogote de su oponente en la ejecución; algo que no lo desmayó, no obstante lo aturdió, cegando momentáneamente un rostro arrodillado y desfigurado por la abundante sangre que le brotó al instante. Volvió a centrar su objetivo: esa extraña arma caída. Intuyendo que con ella en sus manos tendría más posibilidades de protegerse ante los que quedaban en pie. Saltó para alcanzar la espada y, a punto de tomarla consigo, un golpe como nunca había recibido, sin apreciar la gravedad en ese instante, lo apartó de su voluntad volviéndose todo oscuro para Amuley.

Como si despertase de súbito de una tensa pesadilla, con sus fuerzas anormalmente impedidas por un intenso entumecimiento, resonaban en el vacío de su cabeza, próximos, gritos desgarradores de mujeres y niños, que eran callados con violentas exclamaciones en forma de voces en otra lengua que no alcazaba a comprender. Apreciaba cómo lo arrastraban asiéndolo con firmeza figuras difusas tras esos vocablos inauditos. «¡Atenery!, no seas una de ellas, por todos los dioses», en referencia a esas mujeres a las que tan solo con escucharlas estremecía el alma, mientras una siniestra sensación de desazón lo envolvía tan solo con pensarlo. No disponía de fuerzas ni siquiera para sostenerse en pie, abatido, a punto de desplomarse en cada paso: lo llevaban apresado y arrastrado entre dos de los demonios del mar. Demonios que, según descubrió para su desgracia y la de su pueblo en ese día, de acuerdo con su nativo discernimiento de los mahoh, no más que mortales hombres sin honor de una raza diferente, como lo podían ser entre ovejas y cabras. La vida no le quiso ocultar demasiado quienes eran, no tardó mucho en saber que a aquellos los llamaban piratas, y que ese ataque a los suyos de ese día, donde resulto herido y cautivo, fue en una incursión esclavista.

Con las manos atadas a la espalda, residía incapaz de aliviarse ese dolor insoportable trepanándole su cabeza. Sus ojos empañados apenas le permitían distinguir algo por la sangre que los cubría, saboreando su amargura viscosa en las comisuras de la boca. La misma sangre, su sangre, le cubría el torso desnudo hasta el calzón de piel con el que iba cubierto, como única imagen que podía ver con claridad cabeceando sobre sí mismo.

Al rato de ser zarandeado, algo de claridad pudo obtener, viendo alrededor suyo cómo una exagerada violencia se ejercía contra su amado pueblo, ensangrentando y capturándolos desprevenidos e indefensos, con una falta de dignidad como nunca había visto emplearse entre hombres. Cercano a donde se encontraba, un anciano de gesto impotente lloraba cerrando los puños con rabia, consciente de no poder defender a sus semejantes de tal manera que hubiese sido capaz años atrás, cuando era hombre fuerte. El recuerdo de esa imagen se le incrustaría para los restos, resumiendo aquel infame día como registro de su memoria. Se prometió a sí mismo que no volvería a permitir algo así mientras siguiese vivo y con fuerzas para enfrentarse a ello. Ese anciano, observaba, impávido y desconsolado, cómo a su alrededor iba sucediendo semejante atrocidad, en tanto que, como un alma en pena deambulando sin consuelo por el mundo de los vivos, pasaba desapercibida su presencia para aquellos extraños que tanto dolor estaban provocando a los mahoh. Sin saber ese anciano, viejo guerrero altahay, que, gracias su escaso o nulo valor en los mercados de hombres por su avanzada edad, se había salvado en ese día.

Alrededor suya agredían con fuerza a su gente, y reconocía algunos rostros a duras penas de entre las veinte o treinta personas de su raza que llevaban maniatadas en grupo. No identificaba a Atenery entre ellas. Arrastrado por la indefensión, derramaba incontrolablemente lágrimas sanguinolentas de furia por su gente, encharcándole su mirada con la mayor desolación que sus ojos hubiesen visto. «Magec, mi Sol, mi dios, cuida de ella», imploró alzando torpemente la vista al cielo: «Corre, corre lo más que puedas, sálvate», «eres hembra fuerte y sagaz, escapa con vida, Aquí, la Bella». Podría haberse salvado, pensó.

Amuley se lamentó durante mucho tiempo por cómo había descuidado la seguridad, cómo pudo haber cometido fallos tan graves para con su pueblo como altahay. Pero quién iba a pensar que ocurriría aquello tan inesperado: la gran hoguera de la ceremonia, los tambores de la noche anterior, todas esas celebraciones llamaron la atención de los demonios del mar y facilitaron su posición a esos hombres para abalanzarse sobre ellos con su saña. Hombres que, sin perder la oportunidad de coger prisioneros, se habían acercado sigilosos en su gran casa flotante, aprovechándose del ocultamiento que les permitió el alba, hasta las costas de su ya lejana Erbania.

II
Le Verrier

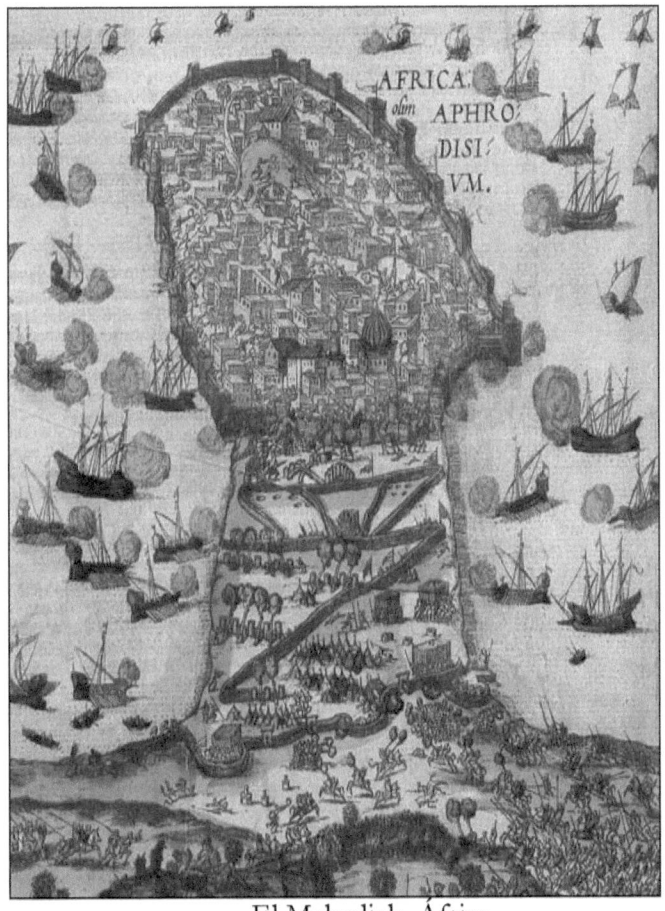

El Mehadieh, África

El Mehadieh, África. Misma época de 1390.

El estruendo de las detonaciones resultaba ensordecedor frente a aquellas murallas. Fray Le Verrier, atemorizado como nunca lo había estado, residía en esos instantes con la cabeza agachada, agazapado tal que ovillo bajo la regala del bote en el que se tentó a embarcar, en ese asalto en tierras hostiles. Tableros firmes a los que se aferraba con tensión, sintiendo los empujes rítmicos de la media docena de aguerridos guerreros que, en ese momento, apartadas sus armas, remaban reduciendo sus siluetas ligeramente sin perder la inconveniente rigidez de los que preservan su dignidad, su honra, su nombre, ante el combate. Se acercaban. Se preparaban para el asalto en el albor crepuscular de aquella noche frente a unas sólidas murallas acentuándose calcáreas y descomunales en el horizonte. A simple vista inexpugnables. Los hombres remaban con fuerza, emitían sonidos acompasados en forma de graves exhalaciones, tal que ahogados hálitos de un combate cuerpo a cuerpo aun sin más enemigo que el destino y los elementos que todavía les impedían defenderse o atacar. Sus vidas dependían de ello, debían avanzar rápido, demasiado expuestos a una lluvia de flechas, increíblemente intensa cuanto más se acercaban por el mar a aquel istmo macizo que era la ciudad fortaleza de El Mehadieh. Guarida y epicentro pirata del Mediterráneo, llamada por los cristianos con el nombre de Cabo África, en cuyo puerto se abastecían y mercadeaban con cuantiosos e inestimables botines que los berberiscos apresaban a naciones cristianas, incluidos prisioneros y esclavos.

Ni siquiera los escudos permanentemente alzados, de los que no asían remos, eran capaces de contener la fuerza con la que incesantes saetas impactaban. Proyectiles incapaces de advertir en aquella noche cerrada, atravesaban la mayoría de ellos como una pluma el pergamino. Esa última andanada llegó hiriendo a algunos que berreaban a modo de animales por mantener su vida latente, removiéndose violentamente haciendo tambalear el bote, descompuestos por la incredulidad y el terror en sus rostros, imágenes que jamás olvidaría el religioso, aferrados irremediablemente al sobrante del dardo penetrado en propias carnes, antes incluso de tener el orgullo de combatir.

En medio de esa tensión, Le Verrier, imploraba. Con sus ojos cerrados aspiraba a no perder la cordura que otros abandonaban al ser testigos de cómo, en cada intento de acompasar una boga picada y larga de remos, se acercaban a una muerte acechante y sombría, oculta tras aquellos muros que se iban revelando frente a ellos. Intentaba apaciguar su mente, como queriendo llegar a percibir en su ánimo un atisbo de esa paz que sus rezos promulgaban, pese a estar por completo embotado en un asfixiante remolino de pensamientos vertiginosos y argumentos confusos, incoherentes, interrumpidos por una incómoda voz interior recriminándole el haber querido llegar hasta allí, hasta ese instante, en ese mar desconocido, en ese vehículo del infierno que era ese bote, y a miles de leguas de su parroquia en Normandía; de la que su simple recuerdo ya le parecía la ensoñación de otra vida.

Sus manos palpitantes intentaban unirse en plegaria, averiguar dónde aferrarse o cubrirse las orejas para terminar inútilmente o todo a la vez, con el funesto sorteo de muerte que anunciaban los silbidos apagados, secos o metálicos de los impactos del diluvio de flechas que salpicaba su alrededor, crepitando como si de una fuerte granizada que cayera sobre el mar se tratase. Sin embargo, no era así en ese día, ni para su suerte, ni en aquellas aguas sarracenas.

Jean Le Verrier era un joven fraile de la orden franciscana, ayudante del capellán de la iglesia de Grainville-la-Teinturière en la región de Normandía, al norte del reino de Francia. Villa esta donde tenía su castillo el noble barón normando Jean IV de Betancourt, del que era siervo desde hacía poco tiempo, pues era a su señorío al que pertenecía la iglesia en la que ofrecía sus servicios; y fue él mismo quien había decidido acompañar en esa singladura a su señor, dejando atrás la cómoda vida en su villa. «Para cumplir con la voluntad de Dios», anunciaba convenciéndose a sí mismo y a los fieles de su parroquia cuando así decidió marchar en el último momento, junto a la polvorienta columna que partía hacia tierras genovesas, con el hábito que vestía, su desgastada Biblia y un rosario, como pertrechos. Aparte de su obediencia al barón, el joven fraile Le Verrier, en su fuero interno, avanzaba empujado por unos irrefrenables deseos de aventura inherentes a su carácter y juventud, sumados a cierto grado de supuesta honra íntima para con los demás. Motivos más que correctos para él, mas no deseaba compartirlos con otros para no ser considerado poco digno en su condición de religioso. Se sentía en la obligación de hacerlo para apreciarse más hombre entre los hombres. Tantos años de monje, de estudio y oración en monasterios, le habían apartado de la vida que ocurría fuera de ellos, y quería comprender por sí mismo los códigos y miserias que se padecían ajenos a ese mundo, tan diferente y alejado de lo real, en el que vivía.

Por otro lado, y pese a su corta experiencia, estaba convencido de disponer de una gran pasión para transmitir sus creencias, podría hacerse valer en su deber sagrado pródigamente, acompañando con su espíritu a los soldados que necesitaran la palabra del Señor, en aquellos días por llegar. Y hasta allí llegó:

«¡Cuán sobrecogedor e incomparable escenario!», aseveraba, negando con su desolado rostro mientras observaba unas oscuras sandalias trenzadas a sus pies, teñidas, hundidas en el palmo de un deplorable y oscuro líquido —agua y sangre—, con la que se estaba anegando el bote. Nunca más volvería a pisar la uva en la cosecha de la misma manera, «si a Dios gracias», lograra salir vivo de allí, pensó disparatadamente al encontrar esa maldita similitud.

Arqueros y ballesteros sarracenos defendían con ahínco su ciudad de aquel repentino ataque. Muchos de los dardos cruzaban deslumbrantes trazando su trayectoria en esa oscura noche que tocaba a su fin, impregnados en alquitrán incandescente, llegando a impactar en los botes, aumentando así el pánico en algunos rostros ya atemorizados de los soldados menos veteranos. Le Verrier se intentaba cubrir con un cadáver ensartado por varias de esas flechas. No llevaba armadura ni coraza que le protegiese de esas armas, salvo su confianza en la voluntad del Señor, a la que encomendaba su vida en ese momento. Asustado, observaba al asomarse ligeramente entre el vaivén mareante en el que se perdía el horizonte de manera constante, cómo las naves aliadas, situadas tras ellos, proporcionaban un estruendo de fuegos seguidos de bufantes fumarolas de cobertura en su aproximación. Disparaban proyectiles ensordecedores provocando llamaradas de luminosas estelas con ellos, que arañaban aquel oscuro cielo africano como garras del mismísimo diablo.

Hasta esa madrugada, jamás sus ojos vieron lo que tantas veces escuchó anunciar: el efecto devastador de esos polvos negros llamados *pólvora*. Días atrás había presenciado cómo probaban pequeñas y novedosas armas expectorantes de fuego en los días de campamento previos a embarcar, donde se ultimaban preparativos y adiestramientos, pero lo presenciado en ese instante era algo muy distinto, algo aterrador y sobrecogedor a la vez: esos deslumbrantes fogonazos en la noche, esa humareda que los acompañaba de un olor penetrante a azufre. «Es el puro hedor del Leviatán emergiendo de la negritud de las profundidades», auguraba en sus pensamientos. El estruendo propio del trueno. Agua, fuego, viento, hierro, madera, sangre y «¿Dónde está, Padre?», preguntaba a su dios. «Resido colmado de temor en mi interior, ayúdeme». Rezaba y rezaba, apretando los ojos como si con ese gesto se pusiera más en comunión con Él. Aquello era lo más parecido al caos, al Infierno, al Pandemónium propio de Satanás: «El hombre… tu creación». Esos pensamientos vertiginosos le depositaban pasajes del Apocalipsis, rememorados con una perturbación con la que nunca los hubiese querido entonar: «…y, entonces apareció otra señal en el cielo, un gran dragón rojo de siete cabezas y diez cuernos...». De nuevo otra explosión lo sobresaltaba y volvía a intentar retomar la letanía para serenar sus nervios, advirtiendo las numerosas estelas que rugían resplandecientes sobre su cabeza, «... su cola arrastró la tercera parte de las estrellas del cielo y las arrojó sobre la tierra», «sobre el mar», corrigió consciente de que en esa batalla no eran divinos ángeles luchando contra Satanás, sino hombres los que utilizaban el dragón contra aquellos piratas que, aunque hombres como ellos también, no dejaban de ser herejes para su desgracia. Y el joven fraile apretaba su rosario contra un pecho frío pero jadeante, especulando sobre la extraña morfología que estaba a punto de descubrir —si antes no moría—, en esos infieles que les disparaban: «¿Tendrán la forma propia del hombre, tal como ellos?», «Dios está de mi lado entre estas tinieblas, sea así y no de otra, está de mi lado, no permitirá mi muerte hoy», casi le exigía por aquella ferocidad de la que le obligaba a ser testigo, sin advertir aún lo que estaba por llegar.

Los sanguinarios y temibles piratas sarracenos de las costas africanas, infestaban las rutas comerciales de navegación a través del mar Mediterráneo, incluso atacando sin resistencia las costas de la cristiandad buscando fáciles presas a las que abordar. La República de Génova sufría un constante quebranto económico y de seguridad por los numerosos ataques de estos a sus naves comerciales en el Mare Nostrum, quienes tomaban las mercancías y capturaban a sus tripulaciones como botín para pedir su rescate posteriormente.

Génova, frente a este clima de inseguridad y siendo la más afectada de las naciones del Mediterráneo, imploró ayuda al rey Carlos VI, «Delfín» de Francia, para poner fin a la huella de terror que estos piratas, además de herejes, estaban dejando en sus mares.

El reino de Francia, que por su parte veía también amenazados sus intereses económicos y comerciales en el Mediterráneo, y con la intención de continuar manteniendo las fraternales relaciones diplomáticas con esa pequeña pero poderosa república, cedió a la súplica genovesa, organizando una expedición con el objetivo de tomar el enclave pirata de El Mehadieh, y reducirlo a cenizas por la tierra y por el mar.

Para capitanear esa singladura, el rey de Francia designó al duque de Borbón. La noticia de la preparación de la expedición se extendió con rapidez hasta los más recónditos señoríos del reino de Francia. Numerosos nobles y otros amantes del arte de la guerra decidieron participar, como fue el caso de su barón: el normando Jean IV de Betancourt. Aquellos notables, acompañados de cientos de soldados, acudieron a la llamada del duque emplazándose bajo su mando. En unos meses, miles de hombres de armas llegaron procedentes de los diferentes reinos cristianos del continente, acantonándose en las costas del mar de Liguria. Pertrechos y máquinas de guerra, algunas novedosas, fueron embarcadas en la no desdeñable escuadra que se había dispuesto para el ataque y que, tras partir hacía días rumbo a esa parte desconocida y hostil de la costa africana, ya estaba en orden de batalla.

La mar se mostró bonancible para las fuerzas navales en aquella noche de luna nueva elegida para el ataque, propia para la sorpresa ante el enemigo, iluminada tan solo por el destello que los astros proyectaban, con una luna oculta al otro lado de un mundo más que sabido esférico para los marinos y plano para muchos otros. Un enemigo que, sin esperarlo, se había encontrado con la fortaleza de El Mehadieh asediada por tierra y mar.

Las fuerzas de a pie concebidas por cientos de infantes cristianos, decenas de bueyes arrastrando máquinas de guerra, piezas de asedio y escasa caballería, fueron desembarcadas en el desierto a no más de una legua al norte de la ciudad. La orden era entrar a matar, arrasando a sangre y fuego a todo ser vivo de la ciudad de El Mehadieh.

La aproximación y el ataque comenzó lento, entorpecido con la caída de aquella noche oscura, sin luna. Cientos de soldados, en una marcha forzada casi a tientas, llegaron hasta las proximidades de las murallas de la puerta principal de la Medina, con el favor de las arenas y el clima nocturno del desierto. Tiempo justo, según los planes cristianos, para que las fuerzas de El Mehadieh, aunque ya advertidos por sus puestos avanzados, no dispusiesen del tiempo necesario para reaccionar, y así preparasen un contrataque con el que seguro hubiesen reducido con facilidad a unas vulnerables fuerzas cristianas que se aproximaban por su desierto.

La acometida estaba saliendo según lo previsto por los estrategas cristianos del duque de Borbón. La infantería y caballería, con buenas reservas de energía y motivación, aguardaba su momento atendiendo secas órdenes desgajadas al silencio que provenían de los jefes de las piezas de artillería. Esas voces se entremezclaban con las de religiosos experimentados que serenaban el pavor previo a la batalla, en contención y fingida seguridad —adquirida en otras brutales contiendas ya lejanas—, aplacando así sus propios temores y los de los soldados: bendiciendo líneas y columnas de un lado a otro, y trazando cruces imaginarias en el aire todo lo magnánimas que la extensión de sus brazos podía abarcar.

Los zapadores acababan de finalizar el duro trabajo de asentar bombardas, recientemente templadas y al punto de ser bautizadas, como otros artilugios de fuego forjados para esa empresa africana. Los jefes de tiro calentaban catapultas y otras máquinas de asedio en perfecto orden de batalla; comenzaban a ajustar sus tiros en la distancia con una cadencia moderada, calculada, precisa, hacia los puntos débiles de la muralla, concentrados en mayor medida sobre sus puertas.

Ese no iba a ser un asedio habitual: pretendía ser una operación rápida poco utilizada hasta el momento. Las tácticas militares estaban dirigidas a la rendición por desgaste o falta de aprovisionamiento de una ciudad fortificada, más que a jugársela como en esa ocasión: doblegándola a un primer y duro golpe de mano decisivo. Aquello conllevaba un frágil equilibrio en la ecuación eficacia-pérdida de vidas, a asumir. El objetivo no pretendía ser otro que no dejar piedra sobre piedra; destruir, no conquistar; en resumidas cuentas, arrasar toda la ciudad con un movimiento de pinza combinado: un contundente ataque frontal desde tierra a su vez utilizado como maniobra de distracción ante el ataque de esas las fuerzas de la escuadra naval embarcadas, preparadas para acometer sobre los puntos más factibles desde el mar. Por ese motivo no se había planificado otra táctica que la del ataque por sorpresa, sin dotar de un plan lógico de retirada a las tropas que asediaban las murallas por tierra. Los mandos de estas, conscientes de ello y sin contar con provisiones para más de dos jornadas, supusieron que lucharían con la fiereza del que sabe que no tiene otra opción para sobrevivir. El duque señaló a sus mariscales sin opción a réplica, infravalorando la preparación de esos mal llamados «piratas», confiando con altivez en que las fuerzas cristianas tomasen en esa madrugada aquella ciudad, repleta de desorganizados herejes sarracenos, sin preparación ni orden para el combate. Sería esta una acción contundente que ensalzaría su gloria, terminaría con ese foco de resistencia y mejoraría la seguridad del comercio marítimo del Mare Nostrum definitivamente.

Desde galeras y diferentes naves de vela se efectuaban tiros de piezas de artillería de tierra colocadas en sus cubiertas, algo novedoso en el combate naval que la gran mayoría de los presentes aún no había visto en acción. Así, pedreros, falconetes y otras armas variopintas de diferentes calibres escupían proyectiles como cobertura a los botes de desembarco que ya comenzaban a desperdigar hombres sobre los riscos de la costa a los que se aferraban tal que hormigas. Las defensas sarracenas se aplicaban a base de bien en alcanzar a esos que se aproximaban remando, causando una verdadera carnicería.

Empujaba la oscuridad a esas horas ya peligrosamente el crepúsculo del alba, filtrando su grisáceo albor entre los aparejos de las naves, iluminando con él lo justo en los rostros de algunos hombres callados para observarlos absortos, como en común reflexión, en cómo El Mehadieh, esa ciudad costera, aparecía ante ellos incluso bella, pero a su vez recia, bien enclavada y ciertamente inexpugnable ante el ataque cristiano. Destacaban tras esos formidables muros siluetas de enormes edificaciones en la línea del horizonte de la ciudad, como la cúpula de su gran mezquita y la robusta torre de la Medina. Para sorpresa de muchos de los cristianos, lo que en un principio se juzgó —o les vendieron —como una ciudad malograda y ruinosa, propia de asalvajados piratas, estaban siendo testigos de cómo ante sus ojos emergía una verdadera metrópoli moderna, bien defendida y propia de cualquier reino adelantado.

La artillería cristiana lanzaba incesante material contra las defensas de la ciudad. Humo, gritos, deflagraciones. En esos instantes cruciales, cientos de soldados y caballeros ebrios de adrenalina intentaban atravesar como insectos enfurecidos la inflamable combustión que bullía bajo las murallas, para posteriormente acceder a la Medina, principal fortaleza de la ciudad bien guarnecida y rodeada a su vez de otras murallas de indudable solidez. El puerto de El Mehadieh era también uno de los objetivos principales, destacando como punto más accesible desde el mar por sus defensas, por ello, muy reforzado por tropas berberiscas que sabían de esa vulnerabilidad y se empeñaban a fondo en esa carnicería tornada de mortuorias formas. Arribando a ese puerto estaba el bote del grupo de asalto en el que se había integrado el joven fraile Le Verrier, acompañando en esa tentativa de asedio por la parte oriental de la ciudad desde el mar, cuyo cometido era el de tomar la prisión donde residían cautivos cientos de creyentes de la verdadera fe, la mayoría de ellos pobres gentes del populacho, soldados o marineros, reutilizados como esclavos cuando no se les pagaba el rescate al que los pocos nobles apresados podían acceder; todos ellos, capturados en diferentes escaramuzas acontecidas en los últimos años y por los que los sarracenos pedían grandes cantidades.

Órdenes en diferentes lenguas cristianas reconocidas por Le Verrier se fusionaban a su alrededor con alaridos de heridos, entre los mandatos que identificaba como sarracenos desde lo alto de los bloques de piedra caliza, a pocas brazas ya de distancia. No le hacía falta saber de esas lenguas para entender el significado de lo que querían decir cada una de ellas: era el sonido de la guerra, el que sobrecogía verdaderamente a cualquier hombre y más a uno de fe como él. Le Verrier se repitió durante el viaje, grabándoselo a fuego, y así se lo había prometido a su vez frente a su señor, que su cometido allí sería el de acompañar en la victoria o la muerte a los cristianos y elevar su alma al Altísimo, pero no arrebatársela a ningún infiel, aun si fuera necesario. Esa no era labor suya, sino de otros.

La cortina de flechas, en tiro tenso ya a esa distancia tan corta, entraba a bocajarro en las carnes atravesándolas como odres de vino. Piedras arrojadas con furia, chorros infernales de aceite hirviendo dejaban almas convulsas errando al paso, buscando por instinto un mar cercano para apagar su dolor, para morir ahogados y no quemados. Aquel estruendo que lo envolvía todo había aumentado su intensidad y volumen de destrucción, segando vidas como al trigo la guadaña en ese erial de locura y sangre que se estaba viviendo allí, en aquella parte del mundo conocido. El inexperto fraile intentaba desembarcar torpemente en los riscos cortantes bajo las murallas, tropezando con soldados que con sus yelmos y corazas atravesadas caían delante de él. Le Verrier quedó arrodillado, ensimismado en su íntima misión de dar la Extremaunción a un joven con una larga barba roja que agonizaba esputando sangre por la boca, ensartado por una lanza en su pecho, sin entender el fraile ningún mensaje de las palabras que intentaba pronunciar gorgoteando. De pronto un grito ensordecedor en su oído lo sobresaltó, sintiendo a continuación un fuerte tirón en el hábito que vestía: —¡Padre! ¡por el amor de Dios!, ¡corra!, ¡salgamos de aquí, diablos! ¡Nos están acribillando!, ¡os van a matar! —señalaba un acento normando ahuecado bajo el yelmo con el que estaba protegido. Era un caballero al que reconoció por los distintivos propios del manto sobre su armadura, afirmando su escudo alzado protegiéndolos bajo él. Le Verrier continuó agarrando a aquel desdichado con el que residía empeñado, hasta que la insistencia de ese caballero normando lo sacó por suerte de esa imprudente misión espiritual. Aún no era consciente, pero ya estaba tratando con un muerto hasta el mismo instante en el que al devolverle la mirada, le impactaron súbitamente una flecha en el ojo y otras dos en el pecho a ese moribundo de vello herrumbroso en rostro cetrino. El joven fraile, presa del pánico, finalmente lo soltó con instintivo desprecio en la frustración de no poder haberle ayudado. Entretanto, el caballero prácticamente lo arrastraba tirando fuertemente de su brazo hacia una oquedad bajo la muralla que, supuestamente, les aportaría cierta protección ante un enemigo que se arrojaba enérgico e incesante sobre ellos.

En la parte occidental de El Mehadieh, a las puertas de la Medina, por más que la artillería cristiana golpeaba duro, los sarracenos repelían el ataque, provistos de una contención experta, sin estar consiguiéndose los objetivos planificados para tomar la ciudad. Mientras, los allí presentes fueron testigos de algo aterrador e inesperado: decenas de seres en vergonzosa desnudez o disimulada por simples harapos eran colgados ante su mirada. Pendían encadenados de sus manos y unidos unos con otros a modo de guirnaldas humanas por toda esa muralla que estaba siendo sacudida a impactos. Eran los prisioneros cristianos que, crucificados entre los castilletes, pataleaban, gemían y desfallecían por el tormento propio del descoyuntamiento de sus extremidades. Espantados con aquella horrible visión, las tropas del duque de Borbón cesaron las descargas contra las murallas durante unos instantes interminables, contrariados por cómo reaccionar ante tan desalmada acción de guerra hasta que, de nuevo, tímidamente se comenzaron a dar las órdenes que al poco sonaron obligadas y pertinentes de reanudar el tiro: —¡Por compasión, soltad! —gritaban al prender las mechas de sus cañones y destensar catapultas, a la par que se santiguaban observando las trayectorias de sus propios proyectiles en la distancia, como cumpliendo con alguna superstición que les aliviaría en parte el sufrimiento en sus conciencias.

La audacia y el apremio en el asalto determinaba el éxito y la supervivencia de la gran mayoría de ellos, por eso lo reanudaron sin prudencia. Los mandos arengaban a los artilleros, gritándoles que ya tendrían tiempo de tomarse la justicia por aquello. Los sarracenos, sin quererlo, estaban consiguiendo el efecto contrario de lo que pretendían, sembrando más ira en los corazones cristianos y una inevitable sed de venganza. Tras aquello, las tropas cristianas al unísono aumentaron la intensidad en ese ataque, emprendiendo un asalto en forma de compacto y contundente embudo de infantería, con un empuje brutal de choque y destrucción a su paso, iniciando así la toma de la ciudad por la brecha de escombros que ya se abría ante ellos, sobre los restos de las recias puertas que sucumbieron a la artillería y que daban acceso a su objetivo: la Medina, el corazón de El Mehadieh.

En la zona oriental de la ciudad, por la parte más cercana al mar, sin saber el tiempo transcurrido desde que pisó tierra firme, Le Verrier corría trastabillándose estrepitosamente entre las apretadas calles sarracenas sin poder tomar aliento. La humareda de las casas ardiendo era cegadora, lacrimógena. Sus ojos lloraban escocidos como si le hubiesen exprimido cebollas en ellos, dejándole en su derrame surcos tiznados sobre sus mejillas. Le ardía el rostro y el pecho, pero no podía pararse, debía seguir bajo la protección del grupo de soldados que llevaba delante suya por pura supervivencia. Todo iba muy rápido, extenuante. Tratar de tomar la prisión para liberar a los cristianos, esa era su misión; y hacerse con esa primera guarnición ya tomada, por las anteriores acometidas de las diversas avanzadillas que habían desembarcado con extrema dificultad previas a ellos, dejando tras de sí cuantiosas almas cristianas, algunas aún por los suelos y otras ya por los cielos.

Por entre las estrechas callejuelas del interior de la Medina, paredes en las que podía apoyarse abierto de brazos, Le Verrier saltaba y sorteaba al paso, como bien podía para guardarles cierto respeto, cuerpos de soldados, mujeres, niños y animales, tropezando inevitablemente con ellos y resbalando con restos de masas gelatinosas que parecían despojos de matanza: vísceras, sesos, etc. Todo ocurría demasiado rápido para poder pararse a pensar, mientras avanzaba evitando llamas exhaladas por cada hueco de las paredes y siseos de flechazos perdidos. Las mismas calles que horas antes habrían tenido la vida propia de una ciudad próspera, con esos niños que ahora yacían muertos sin piedad, correteando sonrientes en sus calles, mujeres vendiendo por las casas, aroma de guisos en esas moradas que ardían: en ese momento tan solo reflejaban muerte, destrucción y un espantoso olor a cuerno quemado: «¿Por qué, Señor, lo permitís?», se preguntaba para sí mismo Le Verrier, aturdido por unas lágrimas que aún no provenían ni de su corazón, ni de su razón, aún no. Corría cegado, palpando con un brazo las paredes y con el otro remangándose el hábito, no solo para respirar bajo él, sino con el inconsciente gesto del que procura no ensuciarse los bajos con los restos de aquella humana inmundicia. Solo quería vivir y ese instinto le hacía avanzar lo más rápido que sus sandalias resbaladizas le permitían. Sin esperarlo, cayó de bruces a un viscoso suelo tras tropezar con algo mórbido: un cuerpo humano, al que no acertaba siquiera a ver por un hollín rasposo en sus parpados. Notó con repugnancia su rostro impregnado por completo de ese lodo glutinoso con el que se encontraba recubierta la callejuela. La abundante sangre extraída a base de tajos había convertido el piso de esas calles en un fangal adherente de diferentes tonos encarnados, en el efecto de una extraña aurora de luces que aportaban las llamas en esa madrugada. Allí, caído frente al portón de una casa, embadurnado en ese nauseabundo lodo, sentía, aturdido quizá por el golpe, cómo el tiempo se ralentizaba por instantes con la semejante lentitud de estar mecido por una ensoñación, fijando su atención en un niño tirado que lloraba desconsolado tras esa puerta flameante. Abrazaba el cuerpo inmóvil de una mujer querida para él, su madre pudiera ser, que yacía ensangrentada en una postura, a sus ojos, indecente, con peor suerte a la de su pequeño, o no: diferente a ojos del destino.

De repente, de entre las tinieblas de aquella casa, un mandoble en trayectoria retardada para él, apareció previsible en su acción, pero imparable para el joven fraile que alzó su mano inútilmente como si con ese gesto pudiese evitar su letal destino, impactando de plano sobre la pequeña cabeza de la criatura, que cayó volteando a un palmo de Le Verrier, con sus tiernos ojos en blanco convulsionando como últimos movimientos de su corta vida. Le Verrier, espantado por un horror indescriptible, se levantó huyendo de sí mismo dando pasos cortos de espaldas, bajo la oscura mirada que residía oculta tras el yelmo cristiano de aquel desconocido, y pronto continuó en su carrera más encogido, quizá no tanto por el miedo sino por el peso que iba acumulando en su conciencia.

En la parte occidental, centenares de cristianos excitados por el éxito inicial del asalto, accedían a la ciudad como una hambrienta manada de lobos, embistiendo enemigos, empujándose y atropellándose unos con otros a través de la brecha abierta por los aciertos de la artillería, rompiendo débiles líneas de defensa al paso y haciendo con ello replegarse incontroladamente a las tropas berberiscas; seguidos de cientos que accedían tras ellos entre los escombros de las murallas tal que plaga de insectos desde la lejanía, dejando de lado para salvar su vida a los pocos prisioneros que quedaban colgados como guirnaldas humanas por los sarracenos: desvanecidos, con las cabezas gachas, sin tan siquiera moverse. El júbilo cristiano por lo conseguido en ese ataque frontal a la ciudadela fue colosal. Se escuchaban voces que arengaban entre sí, otras que arrojaban loas al duque y glorias a Cristo, avanzando ya desbocados y sin tanta presión por entre la Medina.

Sin embargo, aquel conato de victoria fue breve. De pronto, a las puertas de la ciudad, un gran rugido que se apreciaba lejano comenzó a sentirse en las mismas máquinas de asedio, vibrando tenuemente en el silencio que quedó tras haber dejado de escupir hacía rato. En esas líneas de retaguardia cristianas que cercaban la ciudad, la tierra comenzó a temblar bajo sus pies. El rugido aumentaba en intensidad tras una nube parda. Cual tormenta de arena surgía por poniente y se mostraba como los sucesos apocalípticos de los egipcios narrados en las Sagradas Escrituras; perturbadoramente sugestionados con el suceso, por la alteración de sombras y luces que estimulaban las primeras claridades del amanecer, hasta el último de los cristianos allí presentes fuera de los muros de la ciudad quedó cegado de pavor: centenares de enloquecidos sarracenos aprovechaban la aurora del alba para realizar un contrataque por la retaguardia cristiana que, por su imprudencia al subestimar las capacidades de aquellos «piratas berberiscos», no habían calculado proteger en condiciones. Cientos de dardos comenzaron a impactar sobre esos soldados cristianos que, con gran sorpresa, observaban espantados cómo, desde esa cerrazón, aparecían e iban a darles alcance irremediablemente una larga línea de infieles a todo horizonte visto, los cuales corrían hacia ellos tan eufóricos y rápidos como la ligereza de sus armas les permitía, dejando tras de sí un torbellino de arenas que aumentaba el temor de ser un ejército mucho mayor del que se apreciaba. Camellos y soldados de a pie chocaron en pocos segundos brutalmente contra la línea de picas y alabardas cristianas que se estaba intentando formar, sin tiempo ya para conseguirlo. El impacto irrumpió con tanta violencia en la delgada formación cristiana, que se descompuso pronto en una huida en desbandada hacia los flancos y el interior de la Medina, buscando la protección de las murallas que, paradójicamente, momentos antes salvaguardaban a sus enemigos.

Habían caído en la trampa de esos infieles huyendo hacia una verdadera ratonera: el interior de la ciudad. En pocos minutos, los cristianos que asediaban se iban encontrando con la sensación de estar siendo asediados, con el peligro de una doble acometida mortal enemiga desde dentro, y a su vez, desde fuera de la ciudad. Estaban rodeados y sin otra opción que matar o morir. La única escapatoria, en caso de no triunfar, era salvar el pellejo poniéndose a salvo en alguna nave de la escuadra, ya fuese a través de los botes encallados en la línea costera que limitaba la ciudad con el Mediterráneo o desesperadamente a nado, pero resultaría del todo imposible para aquellas fuerzas de tierra tan alejadas de la flota. Rendirse era impensable por las consecuencias tras la crudeza del asalto.

El despotismo cristiano, sustento inicial de falsa supremacía frente a su enemigo, lejos de querer compararse en lo militar con esos herejes sarracenos, no quiso ver que los protectores de El Mehadieh, después de que varios mensajeros confirmaran «un gran desembarco de tropas cristianas al norte de la ciudad», prepararon su defensa lo más inteligentemente que se podía esperar, contando con un valioso tiempo corriendo en su contra. Dos tercios de las fuerzas sarracenas de a pie y camellería fueron destinados a extramuros, acantonadas y ocultas inteligentemente tras unas profundas dunas no muy lejanas; con la lógica y sensata intención de acabar con la retaguardia cristiana que esperaban que se formase para sitiarlos. Aunque había sido poco el tiempo a disponer, la contramedida berberisca se llevó a cabo sin el menor conocimiento ni prevención de los cristianos, tomándola como única opción de romper con el asedio que se avecinaba. Por otro lado, dilucidaron que, en un enfrentamiento en aguas abiertas con su flota, los cristianos acabarían con ella con prontitud, antes siquiera de poner todas las naves a son de mar para el combate por el propio ritmo de los acontecimientos. Aprovecharían a su favor todos esos hombres y naves en la propia defensa de la ciudad. Por ese motivo se mantuvieron atracadas como resguardo y protección desde ellas, sin contar con entrar en una batalla naval, pues aquella flota europea era infinitamente superior, según sus informadores, jugando además con la ventaja de la sorpresa. Realizar esta acción desesperada —ayudados por la innata y bien sabida arrogancia cristiana, precipitada en pensar que cogió por sorpresa a esa cuidad sin tiempo para defenderla por mar—, estaba decantando el curso de la batalla en esa mañana.

Le Verrier, sin saber ni cómo había llegado hasta allí, se encontraba frente al acceso a la prisión según intuía por las voces que escuchaba. Pasó sobre el grueso portón de madera, forzado y vencido hacia un lado descolgado de sus herrajes, una entrada relativamente pequeña para la magnitud del complejo al que daba acceso. Nadie le obligaba a continuar, porque él no era un soldado. A pesar de ello, marchaba cegado con el compromiso de socorrer en esa la plaza a los cristianos necesitados. Pensaba, de manera acertada, que posiblemente muchos de ellos estarían heridos y requerirían ayuda para la huida. Se decidió y, en un instante de resuello y valor, continuó la marcha hacia lo desconocido por pasillos angostos y oscuros, salpicados de bramidos enfáticos y sonidos metálicos, mientras esquivaba carente de aptitud para ello a los cadáveres sarracenos amontonados al paso en esa brutal senda cristiana. Más adelante al toparse con los suyos, su espanto no lo venció: espadazos, pinchazos, mandobles y mazazos dejaban tras de sí numerosos heridos rematados a pocos pasos de él, ahogándose los alaridos sarracenos en los sonoros bufidos de los cristianos al ejecutarlos. Nunca se hubiera imaginado ese joven fraile que matar en esas circunstancias implicara un esfuerzo físico tan grande. Tras recorrer junto a ese grupo de soldados unos cuantos pasadizos más tapizados de moho, de desagradable olor a orín y sin apenas ventilación, se percató de que no había más soldados tras él salvo los que iban delante suya. Su tropa se encontraba en la punta de vanguardia de esa avanzadilla por entre la prisión, o al menos eso era lo que pensaban ellos en ese lúgubre corredor, observándose los rostros sudorosos mutuamente con miradas cautelosas. Tras ese silencio concentrado, continuaron apretándose para avanzar por entre innumerables y cuanto más oscuras galerías, siendo engullidos en sus entrañas.

—¡Dios! —exclamó involuntariamente.

Un sarraceno agazapado en la oscuridad se abalanzó por sorpresa contra el soldado que marchaba frente a él, cortándole la garganta de un tajo al degüello. El fraile quedó adherido a la pared llevado por su instinto, en el impás en el que el infiel quedó inservible para la guerra al instante por una maza cristiana que le llegó por detrás, hundiéndosela por entre los hombros como si acabara de ejecutar a un cochino negro. Demasiado cerca: partes blandas proyectadas de su cabeza lo salpicaron al instante. Entre irrefrenables arcadas se quitaba esos trozos de sesos convulsivo, deprisa, asqueado de poder tener sobre él y hacer suyos los antiguos recuerdos de amor u odio, que ese hereje guardase en esos trozos de cerebro esparcidos sobre él. Vomitó.

—¡Padre! Padre nuestro… que estás en el reino de los Cielos… —atropellándose esas silabas en su lengua una y otra vez para sí mismo, sin permitirle alcanzar la siguiente frase. Incapaz de pensar.

Trémulas antorchas iluminaban insuficientemente esos corredores oscuros y mugrientos, cada vez más estrechos, en los que el joven fraile apreciaba que se batían con mayor cautela. Sabían matar con arte minucioso, propio de hombres con temple veterano, fríos, sigilosos en sus movimientos, valorando al paso en ansia contenida el olor intuitivo de una próxima presa, entretanto continuaban diligentes en la búsqueda de los cautivos cristianos. Cuanto más avanzaban por el interior de aquellas angostas paredes, el calor, la humedad y un sofoco denso hacían el aire prácticamente irrespirable.

Acallados por el grosor de los muros, comenzaron a escucharse desgarradores gritos de auxilio en diferentes lenguas de la cristiandad: «¡*Helfen*!», «¡*Aiuto, per piacere*!». «Son ellos, están cerca», intuyó Le Verrier de lo que se decían por señas entre los soldados. Aquellos prisioneros llevaban tiempo escuchando los ecos propios de ese ataque a la guarnición y a esas alturas ya desesperaban por su libertad.

El piquete al que Le Verrier acompañaba continuó marchando vigilante, pausado y en silencio ante una extraña falta de resistencia berberisca, siguiendo las ya cercanas voces de sus compatriotas. Dos ratas enormes al paso que se perdieron en la oscuridad agudizaron sus sentidos por un momento. Seguidamente, y tras el final del siguiente corredor, desembocaron en una gran sala donde dieron con ellos: decenas de esos prisioneros cristianos se encontraban hacinados y sin vigilancia. Sus carceleros habían huido atemorizados una vez comenzó el asalto de la prisión, según pudieron saber al poco. Los gritos de desesperación y júbilo de los cautivos, al ver a aquellos soldados cristianos aparecer en ese encierro mortal sin esperanza de volver a ver su civilización, hacían que las órdenes de una liberación controlada no se escuchasen claras. La oscuridad provocaba una espesura a la demencia como el propio lugar permitía, que no consentía vislumbrar del todo bien la estancia complicando toda acción a llevar a cabo. Media docena de almacenes abovedados encerraban a cientos de hombres en su interior. Escuálidos muertos vivientes amontonados, desnudos la mayoría, recubiertos en cabellos sucios y enmarañados con un semejante empaste fangoso desecando sus facciones. Le Verrier se vio atragantado en otra arcada de bilis, por el profundo hedor tan vivamente nauseabundo como la pura inmundicia desprendida que de repente lo abofeteó. De entre los gruesos barrotes de esos cobertizos sobresalían iracundamente funestas, así como máscaras deterioradas, los rostros de aquellos que fueron hombres algún día, aplastados por la fuerza de la masa de sus propios compañeros de cautiverio empujando con el apetito de un rescate inminente, tal como espantados peces atrapados en redes, en una marea insondable de extremidades intentando respirar la libertad en su último aliento.

«¡Son muertos vivientes, Virgen santísima!». O al menos eso era lo que a Le Verrier le parecían esos seres despojados de toda condición humana. Esa piel cubierta de heces, pústulas, heridas secas y su extrema delgadez les daba un aspecto mortecino. Muerte que en ese momento transgredían por el inesperado ánimo de esperanza iluminando sus enormes ojos al verlos aparecer, como único rasgo distintivo —miradas misericordes— en la delgada línea que separa ambos mundos en hombres reducidos a piel y huesos.

Sin modo alguno de abrir los cierres de aquellas rejas, un tirador realizó una descarga directa con su cerbatana de pólvora de imprevistas consecuencias: varios prisioneros heridos en su interior que no atendieron a las órdenes de apartarse a su debido momento, una considerable humareda y el candado debilitado, pero sin partir; labor que remató un robusto soldado haciendo palanca con el mango de su maza. Todo sucedía rápido: con la ejecución experta de estar todo dicho y con el apremio en no haberlo hecho en su justa medida. El candado cedió, y con él, la puerta enrejada que soportaba la presión de decenas de cristianos que caían y tropezaban entre sí al huir despavoridos, como si se hubiesen abierto las puertas del Infierno y todas sus almas escapasen a la vez frente a los ojos del joven fraile. Le Verrier observaba menguado la escena sin saber qué hacer ni cómo ayudar a ese rebaño de hombres desesperados que, sin dirección a tomar, tal que temerosas ovejas saliendo del redil, se veían empujadas por la multitud unas contra otras. «¡Dios mío!, ¡Dios mío!, ¡Dios mío!», se repetía para sus adentros. Los prisioneros huían en su mayoría a gatas o apoyándose entre ellos y en paredes para poder mantenerse en pie; otros se abrazaban en masa a los liberadores haciéndoles perder el equilibrio, apartándolos estos con cierta tensión y moderada repugnancia y ordenándoles que corriesen hacia el puerto: —¡Prestos! ¡Corred, tomad armas, defendeos! —gritaban de fondo en esa pesadilla en particular lengua franca.

Al poco todas las mazmorras estaban ya vacías de cautivos vivos o a punto de abandonar el mundo conocido, mortalmente heridos, aplastados en el intento de salir junto a los demás. Testigos de aquello eran los numerosos cuerpos esparcidos por el suelo, víctimas de la desesperación, que no de las armas. Reinaba en ese momento un incómodo silencio, un murmullo exterior sin más, cuan olas del mar en la rompiente. Ninguna detonación, ningún impacto. Ni el piquete de soldados ni Le Verrier eran conscientes de cuánto tiempo habían pasado, desde que iniciaron la búsqueda y ejecución, en esa parte de la prisión. Por aquel entonces debían haber acontecido muchas cosas ahí fuera —valoraban—, desde su entrada en ese recinto. Por una pequeña claraboya abierta en el muro ya se apreciaba cierta luminosidad al estar despuntando el día.

Súbitamente ese silencio fue roto por unos alaridos, casi inapreciables inicialmente, pidiendo agua y ayuda en varios idiomas. Venían de otro grupo de cautivos que, sin haberse percatado aún de su presencia por la agitación anterior, prácticamente desfallecidos por la deshidratación, rogaban apenas sin fuerzas. No eran más de una veintena de ellos los que, encadenados de manos a grandes argollas sujetas al muro, se encontraban en la penumbra de lo más profundo de aquel mismo corredor.

—Esos…esos, hijos de mala madre puta… malnacidos, hablaban sobre colgarnos de las malditas murallas como a Cristo —balbucía uno con el soplo que la esperanza dejaba en su voz, relatando las intenciones escuchadas a sus carceleros antes de huir dejándolos allí. Mientras que, vigilantes, los soldados del piquete intentaban liberarles sin éxito siéndoles del todo imposible: aquellas cadenas eran demasiado gruesas para el material del que disponían.

Le Verrier, resurgido ya de esa parálisis de sentido y voluntad, se encontraba reiteradamente enfrascado en su íntimo empeño de dar la Extremaunción a cada uno de los heridos graves que se iba encontrando.

—¡*Pater*!… sacadme de aquí por favor, *per piacere* —escuchó en claro y suave acento genovés, una tenue voz susurrante venida tras él mientras atendía a un moribundo.

Volteó observando a un hombre joven que podría tener su edad, de cabellos largos y barba desaliñada.

Sus ojos se clavaron en los suyos destacando como los de ningún otro, con una mirada tan insondablemente azul semejante a un cielo de verano, compuesta y varonil aún en ese cuerpo humillado, y de un atisbo tan compasivo como el que podría haber tenido el propio Jesucristo, indagaba hechizado en ella Le Verrier. Una mirada aplomada hasta lo sublime para aquel escenario, tan viva que conmovía por sí misma sobresaliendo a todo lo mortal que envolvía su alrededor. Apresado al último eslabón estaba ese hombre, en el extremo de los encadenados al muro quedaba inmovilizado por uno de sus brazos. Con tensa calma, como si todo lo acontecido hasta ese momento a su alrededor no fuese con él, intentaba librarse de ese grillete salivando, lamiendo lo que podía extraer de una lengua tan seca como su exagerada delgadez. Le Verrier dejó al moribundo tendido con la señal de Cristo simulada en su frente y se dispuso a ayudar a ese joven de cabellos claros.

—¡Escuchad! —ajustó un caballero en algo más que un susurro, mirando a su alrededor con la cautela de un sabueso.

—Nada se escucha, pues—. Confirmó otra voz.

—A eso me refiero, ¡el rugido de la guerra ha cesado ahí fuera! Mal asunto, ¡diablos!

Era cierto, dilucidó Le Verrier en la suficiente veteranía que aportaban las mil razones a cada instante que la sensatez ofrece cuando no se quiere uno morir aún: no se escuchaban detonaciones de artillería, pensó también; y un silencio de la artillería podía significar dos cosas bajo su poca experiencia: que gracias a Dios ya se había terminado con la resistencia sarracena en el asalto o, «Dios no quisiera», todo lo contrario. De repente, una espada ensangrentada en manos de un cristiano descompuesto entró a prisa gritando sin aliento: —¡Prestos, retirada, marchad! —Sin acertar a describir lo que afuera estaba sucediendo. Soldados y caballeros se miraron dubitativos sin que ninguno ofreciese unas órdenes coherentes al respecto. Quedaban una veintena de cristianos allí encadenados todavía. La tensión se tornó mayúscula. Un puñado de ellos, sin esperar orden ninguna, partió despavorido por donde habían venido. Los demás, confundidos y agitando sus miradas, tras breves instantes hicieron lo mismo, dejando a su suerte a esos encadenados que sollozaban intentando librarse de sus grilletes. Las intenciones de huida les duraron poco, topándose de bruces con alaridos sarracenos en el acceso de aquel corredor. El choque de fuerzas en ese estrecho lugar sonó brusco, contundente, mas continuó con un estrepitoso repiqueteo de hierros, en una absurda refriega ya perdida para los cristianos puesto que, sin ellos saberlo, varios millares de sarracenos armados tras fulminar la retaguardia cristiana habían retomado su Medina, y barrían las calles empujándolos a tomar la única salida antes que una muerte segura: el mar.

La veintena de prisioneros que aún quedaban allí, llevados por una salvaje locura de desesperación, se hallaban despellejando o descoyuntando, o todo a la vez, los huesos de sus muñecas. Súbitamente, aquel joven rubio encadenado de acento genovés agarró de la nuca al fraile acercándoselo lentamente hacia su rostro: —¡Padre, no me dejéis aquí, no lo hagáis, por el amor de Dios! —rezó sereno tras esa profunda mirada que momentos antes había encogido el alma de Le Verrier.

—Es imposible, no puedo quitaros estas cadenas por mí mismo sin… ¡mirad! —sin poder terminar la frase con el dedo tembloroso de miedo señalando la cercana escaramuza que ocurría a poca distancia de ellos.

Le Verrier notó de nuevo el impulso de la mano libre de aquel preso en su cogote acercándole el rostro con más fuerza: —Cortadme la mano. *È un gran pacier la morte*, *Pater*, ¡hágalo!

—¡Dios santísimo! No puedo, no puedo hacer eso, ¡Virgen santa! —le respondía el fraile y así mismo con desesperación, sin quitar la vista del corredor.

De pronto, desde la entrada observó cómo emergía un berberisco fijando sombría su mirada en él, mientras extraía su cimitarra chorreante del pecho de un soldado cristiano recién ensartado. A Le Verrier le pudo su instinto de supervivencia y salió corriendo de allí lo más rápido que pudo, llevándose su vergüenza con él, hasta una portezuela situada a mitad de camino como única salida de aquel infierno, dejando tras él, de esta manera, a la veintena de prisioneros que, cegados ya por la pura histeria, tiraban inútilmente de sus miembros en un último y desesperado intento para arrancarlos de los grilletes.

Le Verrier permaneció indeciso aferrado al marco de la portezuela a punto de introducirse, obligado por los escalofriantes clamores tras las temidas cimitarras que se acercaban de fondo. Todo ocurría tan cerca que no podía sopesar con claridad lo que le impedía tomar su escapatoria. Quería, deseaba huir, sin embargo, sus piernas no se movían, algo en su interior no le permitía avanzar fruncía el ceño como buscando respuestas, apretando los puños a punto de romperse sobre aquel quicio de madera.

Repentinamente allí paralizado, fue testigo de algo que dejaba a un lado cualquier cuestión terrenal, incluso una muerte inminente. Algo que en su íntegra condición religiosa era incapaz de menospreciar: «¿Una señal?», aquella sensación lo llevaba a una visión palpablemente espiritual que espiraba su alma en perceptibles soplidos de histeria sin discernimiento como simples caprichos del destino: «¿Me guiais, Padre?, ¿acaso me guiais?, mostradme el camino».

Al volver la mirada, percibió el primer rayo de sol de un nuevo día, penetrando inmutable como testigo de una naturaleza ajena a las voluntades del hombre. Solitario, tal que albor sanador aspirando a dejar en el olvido aquella sangrienta madrugada acontecida, como si se tratase de un toque de silencio celestial anunciante al advenimiento de algo inexplicable en esa aterradora escaramuza libraba ante él, se colaba por la única claraboya escudriñando el suelo empedrado, serpenteándolo a través de toda esa estancia, sorteando cuerpos inertes y a los pocos soldados de ambos bandos que aún luchaban por su vida, aumentando su resplandor cuan bella composición poética a través del miles de motas de polvo suspendidas en la oscuridad encontrado a su paso.

Esa luz cegadora se posó intensa sobre el pecho desnudo del joven rubio encadenado que, consumido, se abandonaba en ese momento irremisiblemente a los designios del destino. El genovés, en el abandonado gesto de su mentón junto a su pecho derrotado por la escena que ocurría frente a él, inesperadamente sintió el calor penetrante de ese resplandor en su corazón. Abrigó entonces ese maravilloso instante como señal regalada para abandonar su vida de una vez por todas, de salir de ese sufrimiento camino de la eternidad, iluminado por ese Dios al que maldijo. Por fin descansaría, ese sería su final. Y levantó la mirada:

—Padre, a Vos me encomiendo, en Vos está mi maldita providencia—. Y comenzó así un rezo en su dialecto con los brazos extendidos en cruz, inspirando fuerte para el instante de tomar el cuchillo caído que aguardaba a mano y acabar así con su miserable vida.

Retenido por un profundo presentimiento, Le Verrier seguía aferrado a la portezuela, atendiendo como hechizado a aquella sobrecogedora imagen emanando del genovés. Innegablemente, para él era una señal divina, una obra de Dios. En menos de un parpadeo se le esfumó el instinto de supervivencia que lo poseía y sin pensarlo, expedito, vacío de todo miedo, instintivamente se vio volando hacia el prisionero, habiendo tomado aquella arriesgada decisión ajeno a su voluntad. Y, arrastrado por una fuerza superior imprevista, recogió al paso un pesado mandoble del regazo de un caído a una mano y a la vez, con la libre, desató el cordón de su hábito. Cayó irrefrenable junto al joven rubio de rodillas, seguido de una nube de partículas que al atravesar la potente luz cegaban con su brillo, antes mismo de que este tomase el cuchillo en sus manos para acabar con su vida. El joven genovés escrutó indescifrable al religioso en ese inesperado acto. El fraile ató el cordón con todas sus fuerzas al antebrazo del prisionero, cortándole así el flujo de sangre que pudiese correr por sus venas. Viendo el prisionero que el religioso normando iba a cumplir con la última voluntad que le solicitó, ladeó impávido la cabeza hacia lo contrario de lo que iba a suceder, como si aquel gesto le fuese a evitar el mayor de los dolores. Reposó el brazo lento y firme, lo más unido al suelo que pudo, recostándose para ayudar en la que esperaba fuese la única acción del fraile con esa enorme espada sobre él. Advertía por el rabillo del ojo cómo el pesado hierro suspendido entre sus manos se elevaba por detrás de un rostro desencajado para tomar impulso, y se apretó como nunca cuando advirtió el instante que ya, sin solución de continuidad, caería sobre él, cerrando los ojos para no tener la innata tentación de apartar el brazo.

El joven rubio, libre de esa argolla, perseguía al fraile despavorido dejando atrás la imagen de la mitad de un brazo fresco seccionado reposando en el suelo. Era el suyo, no quería ni mirar la ausencia en su mismo cuerpo por si desfallecía a causa del impacto. Llevaba el torniquete protegido instintivamente pegado a su cuerpo, y corría empujado ciegamente por una sublime fuerza que le había levantado del sitio, adelantando al joven religioso en ese instante. Siluetas de berberiscos se acercaban a ellos y apresuradamente atrancaron por dentro la portezuela por la que, segundos antes, Le Verrier estuvo a punto de marchar solo. Una vez internados en aquel pasadizo, el joven rubio comenzó a flaquear y tropezó, mientras el franciscano lo ayudaba a mantenerse en pie con desesperación. La eminente energía inicial estaba disminuyendo en el interior de su cuerpo, tenían que darse prisa. Pese a la casi total oscuridad allí dentro, eran conscientes de lo que ocurría:

los sarracenos golpeaban la puerta con tal fuerza que estaban a punto de tirarla abajo para dar con ellos. Le Verrier, nervioso, intentaba hacerse responsable de los dos, pero no se veía capaz de mover sus piernas y menos, siquiera, de cargar con el genovés. No sabía cómo escapar de allí, bloqueado física y mentalmente.

—¡Por allí, allí hay una salida! —reveló con voz apagada y a punto de desvanecerse en sus brazos. Casi al mismo tiempo un fuerte estruendo en el pasadizo resonó, seguido de unas antorchas que salpicaron la estancia, indicando que los sarracenos habían logrado tirarla abajo en su busca.

Los dos desdichados, tal que sucias ratas heridas huyendo por una cloaca, llegaron a tientas desesperadas hasta una trampilla aliviadero de una letrina. Sin perder la vista atrás, retiraron esa tapa de madera por la que era imposible que cupiese un hombre. A través de ella, difícilmente se calculaba la altura a simple vista: una caída al vacío sobre el mar que parecía mortal desde ese acantilado. Si no morían al ser capturados, lo harían golpeados contra los riscos o contra el mar o bajo él. Los sarracenos ya casi estaban sobre ellos. Le Verrier debía tomar una decisión: saltar o, lo más plausible, dejarse arrastrar a un terrible cautiverio de años en las mismas condiciones inhumanas manifiestas en aquellos prisioneros famélicos que habían intentado liberar. Coraje, fe, valentía, hombría, espiritualidad. Palabras que dejaban de tener sentido en ese lapso, en ese error de tiempo insalvable. Todos los dioses y demonios, cielos e infiernos, se mostraban en ese instante en el que del todo y nada se es consciente, y en el que todo y nada parece insustancial y a la vez vital, en el que se puede morir de miedo, de euforia o, por el contrario, una inesperada calma tensa es capaz de abrazar la voluntad del hombre menos fuerte. Le Verrier se colocó de cuclillas asiendo el sobrante de la trampilla y se estiró sobrehumanamente para arrancar parte de ella y así poder caber. Ya casi podía oler el aliento de los sarracenos sobre ellos, tiraba y tiraba con toda su energía y, de pronto, cayó de espaldas abriendo lo justo el hueco. Todo sucedió tan deprisa que su propio recuerdo quedó borrado.

—¡Salte! ¡Salte!, ¡Padre, salte! —ordenaba iracundo—. Por Dios, se lo ruego... moriremos si no saltamos. Moriremos.

—¡Dios! —chilló el fraile fuertemente y lo volvió a gritar varias veces con el rostro congestionado de furia—. ¡No morís hoy! ¡Hoy no!

Persuadido por inquietantes razones que arrinconaron su razón en ese momento, y agarrándolo con todas sus fuerzas, se precipitaron por aquella trampilla, zafándose con su peso de varias manos cetrinas que ya habían dado con ellos. Primero el joven rubio y Le Verrier arrastrado por él, cayeron al vacío de un destino incierto.

Como si fuese un milagro, no se golpeó con ninguna arista de las que sobresalían del acantilado peligrosamente. La intensidad de la caída lo desorientó incluso de él mismo y las frías aguas estaban haciendo el resto. Se ahogaba. El fraile luchaba contra el hábito de lana que vestía por entero sumergido en ellas, empujándolo irremediablemente al fondo con todo su peso. Tragaba agua sin lograr emerger la cabeza, sobre la espuma de una marejada que en sus vaivenes sacudía fuerte en la rompiente, alzándolo y descendiéndolo a merced de sus embates. En esa angustia buscaba a su vez a su acompañante, intentando encontrar algo de él a su alrededor, sin resultados. Se ahogaba, ya era consciente del todo: se ahogaba. Apenas le quedaba energía siquiera para mantener el aliento suficiente para no perder el conocimiento, llevado por la angustia de verse enmarañado por aquel ropaje empapado del que logró deshacerse a espasmos de pánico. Con la esperanza ya pedida en vivir ni un minuto más, con sus pulmones ardiendo en sal sin poder apenas tomar aire, dejando tan solo el justo flujo para unos últimos resuellos, mortales como los de un animal siendo degollado, y sus ojos ardientes y turbios de agua de mar, era ya ausente testigo de su última y más desoladora mirada a la vida, él no lo hubiese imaginado. No rezó. Todo se ralentizó, cayendo en un profundo sentimiento de serena desolación que lo engulló por completo, sintiendo, ya sumergido, el extraño y balsámico placer de las lágrimas de un niño que con él nació y con él moría ese día, lubricando unos ojos ya cerrados al mundo bajo aquel lejano mar. Rendido a sus impulsos, dejó de luchar dejándose arrastrar, ya sin voluntad, por las inquietantes fuerzas de la naturaleza que tantas veces llevaban a la muerte para después traer la vida, y allí se hundía con ellas, en la suya. Con tan solo un hilo de vida que recuerde, imprevisiblemente sintió un impulso extraño, algo ajeno a él como si de un ángel se tratase, que apareció bajo el mar tirando de él milagrosamente hacia un cielo que ya destacaba borrosamente azul. Todo era confuso.

 Tras el fallido asedio, claramente se podía vislumbrar desde los navíos la sobrecogedora imagen en el horizonte de una ciudad consumiéndose entre columnas de humo, acrecentada esa visión infernal por el tono del que estaban siendo teñidas sus murallas en aquel amanecer, del mismo color que el fuego en el que cientos de almas se consumían. Desde la carabela en la que lo habían embarcado, desnudo y bienaventurado, Le Verrier, protegido por una manta, observaba con su mirada perdida cómo el horizonte se engullía a sí mismo. Agradecido sin saber a quién el haber sido recogido en su último aliento en un bote repleto de heridos, que huían por el repentino cambio en los acontecimientos de aquel ataque.

En la apacible quietud que ofrecía la ya lejana ciudad de El Mehadieh, decenas de navíos largaban sus paños amarfilados en penoles y cruces, mientras embarcaban a los pocos que, con rostros abstraídos y miradas deshechas llegaban remando, alcanzándolas a duras penas en retirada. Nadie llegó nadando. Conscientes dejaban atrás, abandonados a su suerte, a decenas de compatriotas desamparados y rendidos, asesinados o, una cosa tras la otra. Mientras, los marineros a salvo e incómodos, observaban con admiración a esos refugiados resurgidos del infierno, siendo afortunados testigos del funesto final de aquella barbarie que quedaría para la historia, de la que no degustaron su amargo sabor.

Le Verrier agudizó su vista dañada por la sal y creyó mejor no haberlo hecho: diminutas figuras humanas en forma de sombras en la distancia, llevadas por la desesperación, se arrojaban al mar con la intención de alcanzar a nado la escuadra. Otras caían abatidas de murallas y riscos. Vivos o muertos, a aquellos ya no se les volvía a ver salir a la superficie. «Su creación, Señor, vida, destrucción, muerte, las fuerzas de su naturaleza, una cruel devastación que viene de nosotros que irrumpimos en su creación, Señor, sus hijos… Padre: qué insensatos, perdonadnos, Señor, pues no sabemos… no sabemos», meditaba Le Verrier, reflejándose tal desgracia con brío en sus ojos. La motivación de la que disponía para partir a dicha misión cristiana desde Normandía para cumplir con la verdadera fe, el viaje, lo compartido con soldados de otras naciones, esas aventuras que creía haber vivido hasta ese día, ya no contaban, eran como un sueño; se sentía culpable incluso de haberlas vivido, concluyendo en aquella pesadilla final que ellos mismos provocaron. Las vivencias de ese último día serían una sombra más nocturna que diurna de la que jamás se separaría y que lo acompañaría toda una vida.

Una ligera brisa en su rostro enfriando sus lágrimas lo sacó ligeramente de esa melancólica reflexión interior, acompañada de cierto alivio ante el celestial sonido de las velas hinchiéndose con el descompasado crujir de cabos adquiriendo tensión. La nave arrancaba por la fuerza del viento, virando ceremoniosa, comenzando a coger velocidad, como si únicamente ella se permitiese mantener aún cierta nobleza frente al escenario que dejaba atrás bajo ese inolvidable amanecer del que, por augurios para navegantes, se presagiaban malas venturas en la mar.

Le Verrier estaba vivo, separado del prisionero al que salvó de aquella prisión cortándole algo más que la mano, apenas sin creer haber hecho eso él mismo, como si de un mal sueño recién despierto se hubiese tratado. Desconocía si aún estaría vivo o tal vez ya muerto en ese instante, en el que una gaviota flotaba suspendida contra el viento frente a él, tan cerca como para apreciar su mirada oscura y vidriosa fijada en la suya. «¿Habrá merecido la pena?, ¿facilité, Señor, su muerte, queriendo cumplir con su voluntad?». Eran conjeturas que apenas tenían sentido con lo sucedido, pero ahí estaban presentes golpeándolo con fuerza y dolor, un fuerte dolor interior como nunca había sentido. Una nueva visión adquirida del mundo arañaba sus adentros en colores diferentes a los que venía reflejándose hasta antes de pisar el suelo de la ciudad de El Mehadieh. Después de aquel día, y ya todos los que se sucederían, vería la vida con diferente prisma, en los tonos pálidos que aportaban crudas vivencias. En un código particular que nadie más que él sabría descifrar en su interior. Y en ese instante pecó, entre dientes y lágrimas: «Maldito seáis...», y una fuerte punzada que germinó bruscamente desde su pecho le impidió respirar. Brazos y piernas comenzaron a sacudirse cerrándosele involuntariamente sobre él mismo. Arrodillado, sollozando como un niño en un rincón de la cubierta, creía morir sin estar físicamente herido. Con una sensación semejante a la muerte, sentía al demonio estrujándolo desde dentro, abrazado por el más oscuro de los miedos en su interior, y sufría de desoladora penuria. Se retorcía rugiendo, sin permitirse unas irrefrenables ganas de gritar. Lloraba. Creía morir en esos momentos y no le hubiese importado. Nadie reparaba en él, ya que todos los embarcados tenían la mirada perdida en la distancia interpuesta entre la embarcación y aquella ciudad africana, cada vez más pequeña en el horizonte. Le Verrier comenzó a rezar entre lágrimas.

No recordaba si lloró con tal desconsuelo infantil alguna vez en su vida y, si había ocurrido, no de esa manera. Y al fin dio gracias a su dios. Egoístamente, le daba las gracias por haberlo sacado vivo de ese infierno: a él, en concreto. «Y cuide de sus almas», añadió, «Amén»: refiriéndose piadosamente a las decenas de rostros inertes con los que se topó en tan corto espacio de tiempo, entre los que, desde ese instante, incluyó también a los infieles, todos esos rostros amartillaban una conciencia virgen de corrupción hasta ese día. Dolido y confuso su interior, reflexionaba argumentos nunca observados para él. Por qué el Señor permitía eso, toda esa destrucción: «Tanta muerte no puede ser justificada, ni tan siquiera la de esos herejes por infidelidades a la cristiandad, no, no… no…». Una innegable cólera lo contrariaba, no encontraba respuesta en aquello. Rezar le había ayudado siempre a sobrellevar tensiones, pero renunció a hacerlo en ese momento. Sin ser consciente realmente de ello, confuso y sin culpabilidad, se estaba insubordinando de alguna manera: le plantaba cara a Dios.

III
Guglielmo Di Giute

«Guglielmo Di Giute, ese soy yo…», repetía en su lengua materna genovesa una y otra vez, delirando, sin que apenas se le escuchase entre los secos crujidos de un barco en navegación y dolidos lamentos de los demás heridos embarcados en esa oscura bodega de olor agrio. Sentía la garganta seca y la boca empastada, calado en su propio sudor debido a la calentura de fiebre que lo inflamaba. Había perdido mucha sangre.

—Soy Guglielmo Di Giute… —susurraba sin apenas fuerzas para terminar la oración nuevamente, residiendo en ese disfraz de muerto que lo envolvía, actuando en un sueño insoportable que no le correspondía y del que no podía desprenderse, en un escenario diseñado a voces y sombras entre la incipiente claridad que provenía de trampillas de cubierta y las escasas velas encendidas: —¡Traed a ese! —señaló un hombre corpulento, refiriéndose a él. De ropaje religioso, demasiado bravo en su temple para serlo. De alguna orden religiosa de monjes-soldado, imaginó. Al menos era cristiano, sosegó su alma con aliviada sorpresa en ese último pensamiento, estando su mente demasiado presente aún en África, sin procesar todavía su reciente huida de los sarracenos, en un hábito de tinte claro sin delatar la seña de la orden a la que pertenecía, al revelarse empapado por completo de lo que, en sus más

íntimos temores, era sangre oscura y fresca, que incluso goteaba por entre sus codos remangados. El hombre se enjugaba impasible el sudor de su frente en gesto brusco con el dorso del brazo, dejándola igual de carmesí. Bajo mirada impotente, Guglielmo era alzado por sus ayudantes hasta una recia mesa anclada al piso:
—¡Agua dulce y láudano, a este soldado!, ¡lava bien eso con la del mar! —indicaba las instrucciones a los ayudantes bajo su mando, tras escupir el monje-soldado al suelo con un enérgico gargajo en el que liberaba, en parte, su asco por todo aquello. Hombres que, en esas condiciones, hacían lo que podían por los heridos del reciente desastre ocurrido en la ciudad de El Mehadieh: —¡Presto!, ¡Ya mismo!, ¡*Ad ordinem*! —sonaban agitadas sus palabras bajo cierta prudencia castrense. Habría preferido estar en batalla, frente al enemigo, que en ese agujero, atragantados a base de la muerte y del feroz sufrimiento de sus prójimos; impávidos ante los estragos de una denigrante derrota demasiado reciente, bañados en una sangría en la que aún estaban inmersos.

Guglielmo Di Giute, el que en un pasado no muy lejano pasó de ser granjero a soldado mercenario, terminando en pos como prisionero de sarracenos, con la mirada ida dejaba manipular su cuerpo. No lo iban a torturar sino curar, en esa ocasión. Liviano e inquietante, un cosquilleo húmedo cambiaba la temperatura de su brazo: provenía de su sangre caliente vertiéndose fuera de él, irrecuperable. Vio alzar un cordón tras quitar el torniquete que llevaba aplicado, reconociéndolo en un destello de razón: era el cordón de aquel fraile normando, que utilizaban de nuevo para tratar de inmovilizar su brazo cercenado, atándolo con fuerza a la mesa en la que estaba tendido. Repentinamente, imágenes vertiginosas le venían evocando recientes recuerdos en esos pequeños momentos de lucidez que sufría ese genovés de cabellos rubios: ¿qué habría sido de ese joven religioso normando que lo liberó?; su brazo, ¿dónde estaría su brazo?; iría a morir quizá allí, en ese momento; no quería morir así, no deseaba una muerte heroica pero tampoco una indigna como podría ser esa; desesperadamente agotado de ir librándose de ella, quería vivir, o no; al menos descansar. Otro calor diferente comenzó a recorrerle la entrepierna y glúteos: se orinaba encima sin poderlo evitar.

—El corte es limpio, no está astillado. Deprisa, venga, no perdamos tiempo —apremiaba el corpulento monje, a la vez que un ayudante introducía, apretando con ímpetu, un pulido palo entre los dientes de Di Giute, agrietando del todo sus labios secos.

De improviso, los demás ayudantes se abalanzaron sobre él calculadamente, mientras el corpulento asía hacia atrás la carne trémula y sangrante del brazo de Di Giute, para entrever de nuevo el hueso oculto entre ella y poder recortar con unas tenazas las pocas aristas sobresalientes. El genovés se estremecía sin desfallecer ante la inquietud de los que operaban su cuerpo, que así deseaban que sucediese para dejar de escuchar los agudos gemidos de cachorro en los que se ocultaba aquel lobo.

A continuación, con método, extrajo un hierro incandescente descansado en un caldero con ascuas sobre una trébede y no bajo él y, en un acto decidido y sin humana compasión, comprimió ese utensilio ardiente, con gran fuerza, en el tajo donde horas antes disponía de su mano izquierda, para cauterizar la herida. Guglielmo Di Giute sintió el dolor más desgarrador que un hombre podría llegar a imaginar, dejándole al instante sin consciencia para alivio de todos.

« "¿Dónde estoy?", pronto obvió esa pregunta. Suspiró llevado por la serenidad que le transmitía ese lugar; allí permanecía sentado, semidesnudo y bronceado por el baño de sol del que disfrutaba, en esa maravillosa playa de arenas blancas y aguas claras de tono esmeralda. Estaba solo en ese bello lugar. Lo inundaba una sensación de paz como nunca antes había tenido. No albergaba en ese instante ni miedo ni sufrimiento en su interior. "¿Es este el Paraíso?", se preguntaba: "¿Es esta la muerte?, ¿así se siente morir?".

Caminando por la arena, en la distancia, identificaba acercándose a él una silueta femenina de largos cabellos sacudidos por la brisa marina que refrescaba el ambiente. Guglielmo Di Giute perdió de nuevo la mirada, observando la belleza que surgía de la Tierra en la sutil perfección de la creación: las indómitas olas rompiendo en la costa, el océano, las lejanas nubes flotando sobre ese inconmensurable cielo añil.

Notó la presencia de ella tras de sí y el tacto de unos dedos femeninos que comenzaron a acariciar su cabello en movimientos reconfortantes, tiernos. Aquello le estremecía de placer. Placer: una sensación ya casi olvidada para él. Inspiró, llenando su pecho con algo de paz, alzando su cabeza ligeramente para facilitar la acción de esas delicadas manos que se movían entre su melena. Continuaba con los ojos cerrados, pues en esa postura el sol le cegaba, y sin saber la razón, oscuros pensamientos comenzaron a llegarle. Pensamientos antiguos: "¿Recuerdos?", se preguntaba inquieto. Pensamientos que parecían formar parte de otra vida, como vivencias de otro. Sin embargo, e irremediablemente, sabía que formaban parte de la que había sido la suya. Negras cargas del pasado aún lo perseguían. Afloraban recuerdos de una vida en la que llegó a ser feliz junto a su mujer e hijos, viviendo en una aldea desde la que se veía un mar apacible como lo era ese, en tierras genovesas, y sirviendo a su señor honradamente con su trabajo.

Allí en esa playa, en manos de aquella mujer a la que no reconocía, rememoraba con melancolía y cierta tristeza esas mismas caricias que antaño le hiciera su esposa. De pronto, le brotó esa sensación de vacío y odio con la que había convivido en los últimos años, surgida cuando la peste se los llevó en cuestión de días. Se le aparecían en ese instante los dulces rostros de sus hijos creados en piel de melocotón, cubiertos de pústulas y bubones, estremeciéndose de dolor entre sus brazos. Revivía cómo quedaba impotente en su hogar, cuando sus plegarias no recibían respuesta e iban muriendo uno tras otro, hasta quedarse solo, sin nadie que le aportase amor, sin una razón por la que vivir. De tenerlo todo, a no tener nada. Desde aquello, Guglielmo no volvió a ser el mismo, erró por varios campos de batalla de la cristiandad como hombre de armas por míseras soldadas, con la única intención de luchar y desafiar a Dios, a ver cuántas almas era capaz de arrebatarle antes de caer muerto. Deseaba una muerte digna, la retaba.

Tomó aire con energía nuevamente, y ciertamente esa bocanada lo alivió. Tuvo que recordarse que eso ya era cosa del pasado. Allí estaba, en esa costa salvaje propia de la morada de un ángel. Y allí, en ese instante, tan solo había paz, y sentía de alguna manera que aquel lugar que desconocía era especial para él. Un lugar, el único, en el que creó poder dejar de sentir lo amargo del sufrimiento en su corazón.

Sin embargo, inadvertidamente, las dulces caricias femeninas se tornaron en desagradables, bruscas; lo que sucedía ya no le era placentero, y los vellos se le erizaron al darse la vuelta para mirar a esa mujer: aquella elegante silueta femenina ya no estaba. En su lugar, un anciano decrépito lo miraba triunfante e infecto de ira, riéndose locuaz con una boca insana de dientes.

"¿Nuevamente otro tormento de muerte tras de mí? ¡Maldito seas, Dios!"

Guglielmo, con la angustia del momento, intentó quitarse eso de encima apoyando sus brazos en la arena, pero cayó de costado. Algo ocurría, no podía sostenerse, no podía levantarse. Su brazo izquierdo chorreaba sangre, —¡Dios no, Dios no! —bramó: le faltaba una mano.»

Capturado por una nave pirata berberisca, en lo que iba a ser una tranquila navegación costera desde Venecia a Sicilia tras una triunfal campaña para el Sacro Imperio, fue apresado no antes de vender caro su pellejo en cubierta. En su cautiverio, la malnutrición y la disentería lo debilitaron hasta quedarse en los huesos, incluso comió heces de otros para vivir. No obstante, increíblemente, y a diferencia de muchos camaradas de mazmorra, sobrevivió habiendo estado a las puertas de la muerte en demasiadas ocasiones. Y allí seguía en ese día: vivo, tullido sin una mano, desvalido de voluntad y tendido en aquella bodega de esa desconocida nave con rumbo de vuelta a tierras de la cristiandad. Guglielmo había despertado a su realidad de ese sueño dulce de final amargo, con un dolor intenso en un muñón cubierto en telas supuradas en ámbar. Había sobrevivido increíblemente, sin saber el tiempo transcurrido. Sumamente débil, en escalofríos, empapado en orines o heces líquidas, intentaba componerse como hombre en aquella indigna estampa que veía de él mismo. A pesar incluso de llevar dos años, cuatro meses y tres días en duras condiciones de hambre y enfermedades hacinado en una mazmorra, de casi morir ahogado, de haber perdido medio brazo, a pesar de ello seguía existiendo.

«Estas son tus maneras, ¿no? Así respondes al reto que te desafié, ¿verdad?», escudriñaba a Dios con la mirada perdida bajo las tablas de la cubierta de la nave.

—¡Maldito seas! —blasfemó con sus ojos cerrados, mientras negaba con la cabeza agotado por el dolor intenso y aún fuertes fiebres, en las que se le entretejían los delirios de sus más íntimos y profundos resentimientos.

IV
Hacia nuevos horizontes

En algún lugar del mar Océano. Mismas fechas cristianas de 1390.

Recostado en ese húmedo y oscuro lugar, Amuley recordaba cómo aquellos sucios hombres de tez sonrosada, de un tamaño más pequeño que el de los mahoh, exhaustos de su incursión y sin opción a capturar más miembros de su pueblo, los iban alejando de la isla maniatados y subidos en una especie de grandes troncos flotantes. Lanzaban pequeños palos, del grosor de un junco, con puntas brillantes a distancia con sus armas extrañas, matando en el acto al clavarlas en los guerreros altahay que osaban acercarse desde la orilla valerosamente para intentar liberar a sus hermanos, mujeres e hijos, —o a todos a la vez en algunos casos—, desplomándose a causa de esas púas como si hubiesen sido alcanzados por una piedra a gran velocidad. Y recordaba también cómo cesó su caza, cuando se alejaron hasta alcanzar una casa flotante de la que sobresalían dos grandes troncos como de palmeras peladas, en cuyas entrañas se hizo la más horrible oscuridad y el más espantoso de los silencios.

Ya hacía varios días que estaba allí dentro, dando tumbos de un lado a otro en aquel borroso lugar de paredes de madera rezumantes de humedad. Nunca antes había visto nada parecido. Se preguntaba cómo personas que eran capaces de construir ingenios así, por el contrario eran capaces de hacer lo que habían hecho con ellos.

Se palpaba la cabeza y notó que su sangre, ya coagulada, le produjo una considerable costra cerrando la herida causada en aquel golpe por la espalda. Aliviado en parte, parecía casi del todo curada. Allí no sentía criaturas, ni genios ni a los maxios propios del lugar, tan solo el aterrador vacío del sufrimiento. Ya habían muerto varios de los que allí estaban por culpa de las heridas provocadas al capturarlos, algunos niños gemían por las fiebres y todos yacían adormecidos por la falta de agua dulce. Muchos vomitaban hasta vaciarse del todo por los vaivenes que experimentaban, como era el caso de la única mujer a la que algo se vinculaba en ese cautiverio: la madre de Atenery, a la que procuró atender lo que pudo en lo que sus pésimas condiciones le permitieron. Violentada y apaleada, apenas se movía tocada profundamente en su juicio. No podía dejarla morir, no podía dejarse morir; aún menos de sed: una muerte deshonrosa para un guerrero. La única agua de la que disponía era la que se ondulaba como una balsa en el interior de aquella tétrica estancia que no se detenía nunca, meciéndose de un lado a otro, empapando todo a su paso balanceada por la fuerza de las olas del gran mar salado del que estaban rodeados. Era sabido entre los caminantes de los mahoh que cuando no disponían de agua dulce, un trago de mar cada cierto tiempo impedía su muerte. Recordando aquellas palabras, al menos, bebía cuatro veces al día un gran trago de esa agua salada mezclada con orina y la sangre de perros de mar que habían cazado, asimismo, aprovechando la cercanía de la pequeña isla a la que estos animales le daban nombre.

Esos hombres les arrojaron los cadáveres despellejados de aquellos perros marinos para que se alimentasen de su carne en crudo, como si fueran animales de carroña. La mezcla del calor junto con alguno de sus fallecidos, sus propios excrementos y los restos de animales, producía un hedor irrespirable cuantos más días pasaban allí encerrados. Y la escasa agua que les habían proporcionado a sorbos para beber, también era salobre. «Tendrán poca almacenada, seguro. La habrán mezclado con agua de mar para aumentar la cantidad y tener para más días», reflexionaba Amuley, manteniendo sus sentidos en alerta, observando las rutinas de sus captores para intentar conocerlos. No tenía intención de perpetrar ninguna locura, sin embargo, en caso de tener que hacer algo como intentar escapar o defender su vida: lo haría con la seguridad de un sensato guerrero altahay. No sabía cuánto tiempo estaría allí, pero mantendría los nervios templados y la paciencia como cautelosa virtud.

Repentinamente, la escotilla enjaretada del techo se abrió en un impacto de luz, seguida de varios hombres accediendo a la bodega con palos que, a empujones, fueron sacando en volandas a todos los vivos al exterior. Uno tras otro, salían torpes mientras los ataban a una misma soga por el cuello. Sin fuerzas para andar y con los músculos entumecidos, tropezaban entre sí al subir los peldaños de madera. La luz del sol les ofuscaba, hacía días que no la veían. Sus ojos no se adaptaban a tanta claridad. Instintivamente, al salir de aquel sucio agujero, hinchaban sus pulmones de aire fresco, insuflando algo de vida con ese sencillo gesto. Eran una veintena de esos extraños hombres los que les observaban, admirando con socarronería su botín humano. Sonriendo algunos y pocos avergonzados, incapaces de mirar a la cara a aquellos pobres infelices, tratados peor que al más odiado. Ninguno de esos nativos podría imaginarse donde darían sus huesos en los próximos tiempos. Eso si antes, claro estaba, salían con vida de eso que entre los mahoh llamaban casa flotante.

Algunos de esos hombres comenzaron a gritar y moverse, recibiendo órdenes en su lengua, una lengua que ninguno de los nativos de su tierra manejaba. Veían asustados cómo se desplegaban amedrentándolos con lanzas coronadas de puntas brillantes como reflejo de mar, muy diferentes a las que ellos utilizaban, de piedra, para sus tezzeses.

Amuley y los demás emitían plegarias al dios Magec, «Poseedor del Resplandor», que en ese momento envolvía a esa casa flotante en el inmenso mar salado, alabándolo solemnemente pese a lo que sucedía a su alrededor. Se escuchaban entre sollozos desesperadas súplicas a los dioses que algunos de ellos susurraban, repitiéndolas sin cesar exhortados por el miedo. Amuley hinchaba su pecho hacia él, hacia Magec, para que su rayo divino entrase con más fuerza en su espíritu.

Al poco, los obligaron a desnudarse y lavarse con agua de grandes cuencos de madera, y a frotarse con un taco recubierto de un pelo que arañaba la piel como un erizo de mar.

Amuley continuaba cegado por la luz generosa de Magec, a la vista de sus antepasados a los que ya les había preguntado el porqué de todo aquello. Lo desataron, y a empujones lo postraron ante tres de esos hombres apartados a la sombra. Reconoció a uno de ellos. Era al que había intentado ahogar con sus manos dejándolo sin conocimiento. Al verlo allí, en pie, se dio cuenta de lo flaco y amorfo que se le veía en comparación a él. Esos hombres eran de otra raza menos agraciada que la suya, de eso estaba seguro y saltaba a la vista. Ese flaco dubitativo también lo reconoció y al instante se abalanzó furioso sobre él, agarrándolo del cuello. Amuley tragaba saliva en cantidad a su orgullo, tensando el pescuezo con la fuerza de todo su cuerpo, aguantando unas irrefrenables ganas de terminar de matar a aquel «cerdo». Uno que se encontraba sentado dijo algo y entonces lo soltó, no sin antes volverse violentamente y de manera cobarde, regalándole un seco puñetazo en el estómago que le hizo doblar por completo, quedando en cuclillas el tiempo que, el coraje propio de su linaje, le inyectó las fuerzas necesarias para erguirse de nuevo y mirar desafiante a su enemigo mientras recuperaba el aliento. El flaco intentó otro golpe, pero se lo pensó cuando el que estaba sentado vociferó algo en su lengua, apartándose definitivamente de Amuley. El que gritó parecía que mandaba en ellos, su jefe, demasiado grueso para ser guerrero, nunca había visto hombres tan gruesos como lo era ese. De aspecto sucio y luciendo varias cicatrices en la cara, residía tranquilo, como tallando finos signos con la pluma de un ave en una gran hoja blanca, mientras miraba a Amuley de arriba abajo, de la misma manera que si observase un objeto. Otro de esos hombres, de pie junto a él, de larga barba de color rojizo, lo apretaba palpándole extremidades, miraba sus partes que exhibía desnudas de cerca y abría bien su boca mirando sus dientes.

Amuley, antes de salir al exterior, tenía en la cabeza la idea de saltar de esa casa flotante e ir nadando hasta tierra firme. Era buen nadador, seguro que el mejor de los que allí había, y nadie podría seguirle en el agua. Sin embargo, tuvo una decepción devastadora cuando se dio cuenta de que estaban rodeados de agua por completo hasta donde llegaba su vista, no divisaba tierra por ningún sitio que otease. De inmediato se preguntó cómo sabría esa gente dónde se encontraban si no tenían referencias en la costa, «¿Estarán perdidos?». Sin embargo, su realidad ya residía tan desoladora si cabía, que aquella pregunta resultaba más que estúpida para ese momento. El barbirrojo que lo agarraba, parecía que se dirigía a él, pero Amuley no era capaz de responder, no entendía su lengua.

El hombre lo señalaba con el dedo apretando este con más fuerza contra su pecho, repitiendo la misma palabra. En ese instante creyó comprender lo que decía y con gesto orgulloso alzando el mentón, contestó diciendo su nombre:

—Amuley.

—¿Qué ha dicho el salvaje?, ¿*buey*? —preguntaba el capitán de esa nave esclavista a viva voz, riéndose en un castellano forzado por un ligero acento mallorquín, tomando los datos de los capturados con su pluma.

—¿Cómo carajo voy a poner *Buey*?

—Yo creo... yo he escuchado *Mei* —contestaba sumiso el flaco que le había agarrado del cuello momentos antes.

—Escriba Buey, Capitán, ¿no veis que está fuerte y membrudo como un buey? Además, a estos ya sabéis lo que les espera, este va a ser buena mula de carga, va a cargar más que un buey, a fe mía —sentenció el pelirrojo mientras los demás reían su gracia a carcajadas.

—¡Pues, canario...! —Dejando una pausa para escribir el nombre en el documento— ¡te has quedado con Buey! —dispuso el capitán, registrándolo en la carga humana de su barco para venderla a los mercaderes de Sevilla.

—¿Qué edad tendrá?

—No más de... dieciséis o diecisiete, mi Capitán —contestó uno de ellos.

—Dieciséis... lo pongo joven, que a esos hijos de perra de Sevilla les gusta adquirirlos jóvenes. *Die-ci-séis* —repetía, mientras rubricaba la edad en el documento—. Procedente de... eh... ¿cómo?, ¿cómo se llamaba la isla? —volvió a interrogar a los dos tripulantes que le acompañaban.

—No lo sé, mi Capitán, ibais al sur de Lanceloto —Lanzarote— y cambiasteis el rumbo a la otra por aquella hoguera que divisasteis, ¿recordáis? —contestaba servil el flaco.

—¡Piloto! —inquirió a voz en grito, esta vez al timonel— ¿cómo carajo se llamaba la isla donde trincamos a estos?

—Forteventura, Capitán, Forteventura —se escuchó con desgana una voz desde su puesto, bajo el castillo de popa.

—Fuerte aventura van a tener, pero de la buena, y buena fortuna la nuestra, sí señor —se dijo sonriéndose mientras asentía.

El capitán estaba satisfecho con lo obtenido en esa corta incursión de apenas una semana por esas islas salvajes sin dueño ni señor. Era la primera vez que se aventuraba en ese archipiélago. Se había decidido a ir tras años escuchando numerosas historias sobre esas islas Afortunadas, también llamadas por otros de Canaria, en tabernas y antros de los puertos en los que recalaban. Historias de navegantes que contaban cómo esas islas sin conquistar estaban pobladas de infieles salvajes sobreviviendo sin conocer ni siquiera el metal, y que se podía hacer dinero comerciando después con moluscos y la preciada orchilla para tintes en tierras europeas. En un principio no prestaba atención a esos relatos, empresas más propias para comerciantes que para buscavidas como él y su gente, a quienes les gustaba la vida de excesos sin ambición de futuro, procurando obtener siempre el máximo botín con el mínimo esfuerzo. El cambio de parecer le vino cuando escuchó cómo un truhan alardeaba de haber engañado a los nativos de la isla de Lanzarote aparentando que iba, a manera de otros, a por orchilla, llevándose a un buen puñado como esclavos de una tacada; así de fácil. Además, las incursiones para piratear en las costas de Berbería eran cada vez más difíciles de acometer, corriendo el peligro de cruzarse con los temidos piratas sarracenos que acechaban las costas, y terminar como el salvaje que tenía delante suya: esclavo. Pensó que una navegación por el mar Océano traería un poco de calma a su tripulación, intentando hacer lo mismo que había escuchado de aquel imbécil que, borracho, fardaba de sus arrestos en Lanzarote.

Habían capturado y transportaban, rumbo a Sevilla, a una veintena de esclavos, además de un buen puñado de pieles de lobos de mar que mataron. Y todo ello sin un solo muerto entre su tripulación. Aunque tampoco le hubiera venido mal alguna baja: de esa manera hubieran tocado a más repartiendo el botín que obtendrían al llegar a Sevilla.

El silencio reinaba mientras crujían de fondo maderos y aparejos. El salvaje los miraba a pie firme sobre una inestable cubierta combada a propósito para que los golpes de mar evacuasen por la borda. La nave se inclinaba una y otra vez con inconstantes movimientos, mientras, el capitán, repasaba con los demás la descripción del esclavo requerida para el documento de venta, una obligación que odiaba realizar. Esa tarea provocó que continuasen con la conversación:

—Piel oscura, cabello moreno, dientes sanos, completo en todo, fuerte y de buen aspecto.

—¿Cuánto crees que nos darán por este? —indagó el capitán.

—Así de primeras, de entre los machos va a ser de los que más valga. Pida por él diez mil... doce mil maravedíes, ¡qué diablos! Por pedir que no quede —contestó con seguridad el pelirrojo, más veterano en el trato con esclavos. El capitán anotó el dato con gesto satisfecho en otro pliego diferente al de las descripciones, uno en el que anotaba los valores y el total de su posible lucro a negociar después con los mercaderes al llegar a Sevilla.

Apartaron a Amuley, arrojándole el calzón para que se lo vistiera, mientras una niña era acercada en ese momento despojada de su ropa: —Por esta vamos a sacar bastante, mi Capitán —decía el veterano pelirrojo que la repasaba físicamente.

—Es bella, sí señor. Estará sin tocar, espero, por el bien de todos ustedes, ¿no? —inquirió el capitán.

—No. De seguro que no, a esta no la he tocado ni yo y ya me hubiese gustado, me encargué yo mismo de que no la tocaran. Esta vale su peso en oro, rediós. Esta y alguna otra más se ha librado de jarana y ronda de desahogos, mi capitán —aclaraba mordaz el pelirrojo, zarandeando ligeramente el delgado brazo de esa indígena.

Esos cazadores de fortuna sabían perfectamente que, a las esclavas hermosas los mercaderes de Sevilla las compraban y vendían caras, ya que en su mayoría terminaban como concubinas de sus dueños. Y, puesto que era comprensible, a esos compradores les gustaba que ese género en concreto estuviese en perfecto estado, sin desflorar, refiriéndose a las más jóvenes y vírgenes, y por supuesto, sin enfermedades carnales y sin preñar. Todo lo contrario que las menos agraciadas físicamente que, acrecentando su calvario, eran forzadas por la tripulación durante el viaje por puro divertimento, conscientes de que serían vendidas más baratas para labores físicas y penosas.

—¿Cómo anda de sana nuestra gente?, que estas enferman pronto —interesándose el capitán por la futura salud del producto que sí cataron, al que hacía las funciones de contramaestre. Otro mallorquín que, con más apariencia de veterano en vilezas humanas que de hombre de mar, había permanecido callado hasta ese momento. Este, abstraído en la fingida soberbia que la superioridad le hacía ostentar respecto a los demás, y en la apatía de sentirse aludido en la pregunta, se vio obligado a contestar:

—Tranquilo… me encargué de que ninguno a los que le supuran las vergas, las hayan tocado —dejó una pausa, satisfecho en su chulería, pero sobre todo para no referirse al capitán como *mi Capitán* en la frase, tal que hacía el resto de tripulación por sumisión. No lo consideraba en el cargo con el merecido respeto. Eran bandidos de mar de normas diferentes para cada uno de ellos, pero la fingida honra bravucona como común pabellón mantenía aun la obediencia entre ellos. Demasiado tiempo ya junto a ese indeseable, demasiados negocios sucios aguantados y cargo alcanzado con ruinosas puñaladas por la espalda, pensaba de su capitán. Y matizó, evitándole así el gusto de formular la pregunta que sabía que vendría después— ni a las más viejas tampoco, bajo pena de garrote. Se la jugaban conmigo —embebiendo la mirada en el horizonte y no en el rostro de semejante *fill* de puta.

—Ya. Vaya, vaya…Como me devuelvan alguna te corto los huevos y te los hago tragar. Lo pagarás con tu parte, como la otra vez, ¿te queda claro? —gruñó el capitán a lo marrullero, intentando deshonrarle como tomaba por costumbre delante de la tripulación. El contramaestre cabeceó aludido. Era cierto que, en una de las últimas razias a buscar mercancía para esclavizar, había descontrolado su ímpetu y el de sus hombres en un violento desenfreno, estimulado por el ron, con unas bellas sarracenas de raza blanca que capturaron en costas de Berbería. Aquello le costó perder el botín de ese viaje y la cantidad que dejó de ganar su capitán por ellas en el mercado, ya que llegaron en malas condiciones, cifra que le endeudó por cerca de un año. Y, ciertamente, no tenía la «maldita» intención de volver a trabajar gratis para ese «*fill* de puta», tal y como se recordaba que le había pasado con anterioridad; por eso y en esa travesía vigiló muy de cerca a la veintena de «malnacidos», que tenía como tripulación esa carraca.

El pelirrojo aprovechaba esa conversación que se mantenía para manosear los pechos por detrás a la niña, habiendo dedicado especial atención a sus partes íntimas libidinosamente, sacándole la lengua con expresión depravada tras olerse y lamerse los dedos de próximo, mientras los demás a su alrededor sonreían indecentes y Amuley se contenía el odio. La niña de los mahoh, de piel aceitunada y cabellos castaños, sollozaba sitiada en su desnudez ante los depredadores sin alma que eran esos hombres para ella. El que la violentaba comenzó a repetir la misma palabra que momentos antes había formulado ante Amuley, sin embargo, en su caso, la joven paralizada y alejada de sí misma no era capaz de atender debido a su estado. Ese hombre insistía pellizcando una mancha que tenía en su glúteo desnudo, mientras lo repetía.

—Te están preguntando tu nombre, mujer —le indicó Amuley discretamente con voz suave en lengua de los mahoh, su lengua, asistiendo al sufrimiento de esa niña que no tendría más de trece años. No sabía de qué familia era, no pertenecía a su poblado pero, aunque su cara no le resultase familiar no dejaba de ser una hembra de su raza.

—Yo soy «La que Sonríe» —acertó a entender Amuley, en un sollozo casi imperceptible entre lágrimas.

—Adassa —repitió Amuley rápidamente para terminar cuanto antes con su sufrimiento, y señalándola mientras miraba al pelirrojo, repitió— *Nonme* Adassa. —Intentaba hacerse entender torpemente, pretendiendo utilizar la lengua de sus captores.

Aquellos hombres, al escucharlo, lo miraron sorprendidos provocando en ellos un incómodo silencio, no tanto por la insolencia habida al entrometerse en el negocio, sino por el grado de entendimiento poseído por ese salvaje que pareció entenderlos con soltura. El mutismo fue roto por unas sonoras carcajadas del capitán: —¡*Cullons*, vaya con el canario este, aprende rápido el *joío*!—. Por su experiencia con salvajes, sabía que eso no era normal, ese futuro esclavo era diferente. —¡Cuidado con este pájaro! —saldó el capitán a aquella tripulación de bellacos, apuntándolo con la pluma que sostenía en su mano derecha mientras aguantaba los legajos contra la mesa con la otra, para que el viento no se los llevase.

—¡Tierra!, ¡tierra a la vista! —alarmó el vigía desde el carajo.

Amuley escuchó esa voz viniendo de lo más alto de uno de los palos. Tras ese grito del que no comprendió su significado, sus captores se arremolinaron bruscamente hasta la banda de estribor

La curiosidad de Amuley lo hizo acercarse también para poder observar aquello que los había alertado. «Por Magec, ¡se ve costa!», se alentó: «¡Saltaré cuando esté más cerca!», deliberaba llevado por la euforia de una posible huida. Pero, por el contrario, con rapidez, se aclaró que no sabía dónde estaba ni qué peligros acechaban esos parajes, que podría quedar perdido en tierra extraña sin saber volver a Erbania; algo peor que lo que pudiese venir después con sus captores. Al mismo tiempo, reflexionó inteligentemente que si hubiesen querido matarlos ya lo habrían hecho, que cabía la posibilidad de que los llevasen para forzarlos a trabajar, o algo peor, como ofrendas para sus rituales. Prefirió dejar de pensar y dedicar el esfuerzo a observarlos, procurar entenderlos para intentar escapar en el momento oportuno.

Mientras pensaba todo aquello, sonó el chapoteo de algo precipitándose al mar, seguido de una incómoda agitación en esos hombres: una mujer se había arrojado al mar ella sola, le susurró uno de sus paisanos, con el único acompañamiento de su cuerpo desnudo y amoratado. La reconoció erizándosele los vellos con una punzada en sus tripas: era la madre de Atenery, con la que había coincidido con gran infortunio en ese viaje. Muy sufrida de manos de aquellos salvajes, tal y como les pasó a otras mujeres más, ella no pudo soportar el dolor de su alma y la vergüenza de su razón. De inmediato, un Amuley nervioso y abatido, comenzó a recitar: «Te ruego, genio del mar, y a ti, Chaxiraxi, cuidéis que le abrace una dulce muerte en vuestro seno. En paz, sin sufrimiento y que su espíritu marche pronto y feliz con sus antepasados, quedando libre de sus terribles sufrimientos».

—¡Pero, qué diablos, *cullons*! —reprochó el capitán, a la tripulación por la falta de diligencia que habían tenido permitiendo caer por la borda parte de su mercancía, desatada y sin custodiar—. ¡Se ha tirado la muy perra!, ¡*cap de suros*, mamarrachos! —increpaba empujando a uno de ellos con desprecio y semblante serio, tras levantarse y asomarse por la borda, a ver si cabía alguna posibilidad, por más remota que fuese, de recogerla viva, algo que los nudos del avance de la carraca impidieron. —¡*Merda, diables*! —rezongaba—, ¡Amarrad a todos de nuevo *cullons*, hemos perdido dinero por vuestra perra madre, inútiles de *merda*! —gritaba, dispersando a golpes a todos los apiñados que se habían asomado a la banda contraria por la que se arrojó la mujer.

—Esa está en el fondo con Neptuno, olvidaos, tenemos de sobra. Esa no valía una mierda, era una vieja —intentó apaciguar su ánimo el pelirrojo, siendo el único que se podía permitir hablar así al capitán, disponiendo de más confianza que los demás con él en el trato.

Entre ese ir y venir de hombres, azotes, gritos y de tensión por el caos tras la voluntaria muerte de esa mujer, Amuley recibió un fuerte golpe en la nuca que venía de la frustración de uno de esos hombres que, nervioso, intentaba amarrarle la soga de nuevo al cuello, y este notó cómo se escurría entre sus fuerzas: el impacto lo hizo desvanecer.

La navegación de aquella carraca a la ida se había hecho relativamente corta por la ayuda de los vientos alisios, pero en su retorno a la península ibérica, las prolongadas bordadas de ceñida al viento, alejándose de las costas del continente africano para poder capearlos, exasperó hasta el punto de perder la calma a una tripulación acostumbrada a travesías más cortas navegando sobre seguro. Los alisios soplaban en su contra y desconocían los confines del mar de una posible Tierra plana.

Tras arribar en Sanlúcar de Barrameda, sin franco de paseo para no tentar sus lados canallas, continuaron la travesía sirviéndose de la marea ascendente para que empujase la nave suavemente en la navegación fluvial, que iban a tener como broche final, por entre el río Guadalquivir hasta su destino final: el puerto de la ciudad de Sevilla.

Tras duras e interminables jornadas de navegación, los futuros esclavos caminaban sobre el cimbreante portalón a tierra firme, aturdidos de tantos días en la mar.

Perdía torpemente el equilibrio en cada paso, amarrado de manos y cuello. Amuley caminaba descalzo y entremezclándose entre sus dedos, estaba esa fina arena amarillenta, boñigas de animales, paja y restos de comida podrida que no alcanzaba a recoger desesperado por comer. Sobre aquel sucio arenal al que bajaron desde la casa flotante, deambulaban gentes muy extrañas de razas desconocidas y sorprendentes, la mayoría de teces claras, la misma que la de sus captores, repasaba Amuley: muchos de ellos amorfos, sin dientes, sucios, grasientos de sebo como cerdos. Niños, mujeres y hombres de diversos colores, y negros, así como la noche, pero estos últimos no le parecían pintados, si no carbonizados por el sol o algún hechizo. Muchos de esos negros nunca vistos ni oído de su existencia, iban atados cómo él y, curiosamente, otros deambulaban libres, ataviados tal que los blancos.

Sus oídos se aturdían, nunca percibieron bullicios como aquel, cientos de personas se movían semejantes a insectos por todas direcciones con prisa, cargando bultos a sus espaldas, gritando o intercambiando productos. Aquello lo turbaba pese a intentar guardar la calma. Desfilaban innumerables bestias nunca imaginadas, animales pequeños que bajaban de otras casas flotantes que allí había por docenas, amarradas a tierra. Estaba sorprendido por la visión de grandes bestias mansas con pequeños cuernos, diferentes a los de sus cabras, arrastrando grandes pesos ausentes a lo que les rodeaba. De repente, un enorme animal de lomos grisáceos, como el cielo encapotado que todo lo cubría en esas tierras, casi lo tiró al suelo con el empujón de sus cuartos traseros; increíblemente, un hombre sobre él lo manejaba a su antojo con una tira de cuero en la mano.

Amuley estaba impresionado y confundido con los hombres de esa raza, tan diferentes a los mahoh. Esos hombres blancos habían sustituido su espíritu libre por una extraña inteligencia: eran capaces de infligir sufrimientos a otros seres sin motivo y, por parte de algún encantamiento, mover bestias y navegar sobre casas a su antojo. «Y todo eso, ¿para qué, Magec?», preguntaba Amuley a su dios del Sol: «¿De qué les sirve saber de esos curiosos usos si están muertos por dentro, podridos y sin alma?».

Mientras eran conducidos a algún lugar entre todo ese gentío, sus paisanos asistían sobrecogidos a todo lo que se les aparecía ante sus ojos con el mismo gesto que él, desamparados, asustados y apoyándose como podían entre ellos para no caer al barro, mientras a su alrededor, las gentes bien adornadas de abalorios discutían efusivos, hablando deprisa sin entender sus palabras y gesticulando exageradamente con sus rostros y brazos. La vida parecía transcurrir muy deprisa en esas tierras, a otro ritmo diferente al que había conocido en la suya. Hileras de hombres tiraban al unísono de enormes cuerdas, acercando a tierra otras casas flotantes que llegaban desde esa lengua de agua que los trajo hasta allí desde el infinito mar salado, de un aspecto tan sucio como nunca antes había visto, de hedores putrefactos e imposible de albergar vida sana; jamás se comería un pez de esas aguas, por mucha hambre que pasase, serían malsanos como sus aguas. «Por todos los dioses», observaba Amuley, para sus adentros.

Con sus pieles cetrinas curtidas por el sol, algunos de los que arrastraban bultos tenían marcas y cicatrices de símbolos en su rostro. Rostros sin esperanza, entristecidos, demacrados. «¿Terminaré yo así?», se cuestionó en el momento al verlos, prometiéndose a sí mismo que de ninguna manera lo consentiría, y que antes moriría defendiendo su libertad como lo haría un honorable altahay de los mahoh.

Acababa de llegar a un mundo nuevo, imbuido en tal choque de civilizaciones que le impedía tener una noción clara de su realidad y de su futuro. No era aún consciente de que jamás volvería a ver su tierra, Erbania; ni a hablar en su lengua; ni a pasear por sus montañas, pastos y dunas; ni sus cabellos serían mecidos por su salobre y templada brisa; ni a sumergirse con los perros de mar, en esas aguas cristalinas. Y, jamás nunca, en lo que le quedara de vida, volvería a ver ni a tocar a su amada Atenery. Podría soñar las veces que quisiera con ella, pero nunca más olería su piel ni podría tenerla consigo. Pensar en ella sería su eterna pesadilla. Todo lo que consideraba su vida mudó semejante a la piel de un animal llevada por la naturaleza del destino, sin haber tenido el tiempo suficiente para asimilar lo que le sucedía. Allí estaba: vacío, débil y vulnerable. Cegado por aquellas visiones, cuan relámpagos surgidos cuando el cielo se entristece. Le venían recuerdos de muerte de lo que fue testigo días atrás, recuerdos infectando su interior, que le llevaban de la mano a la realidad de ese instante: la de otro prisionero más de su pueblo, un mahoh del reino de Maxorata de la isla de Erbania, despojado de su libertad, como los que allí residían. Estaban asustados, con las miradas perdidas, sin saber qué sería de ellos ni tan siquiera esa misma noche y, menos, el día de mañana. En manos del destino se encomendada a sus dioses. Se castigaba ingenuamente, dudando de si habían sido ellos —sus dioses—, los que de esa manera le estuviesen dando una lección de vida, debido a las dudas entre sucumbir a los deseos de aventuras que ansiaba su espíritu o mantener el compromiso que le profesaba a su bella Atenery. Repasaba iracundo cuánto la echaba de menos. ¿Estarían jugando con ese destino sus dioses, con un macabro sentido del humor? Si fuese así, no era justo: «Ya he aprendido la enseñanza, nunca más, ya he madurado», les expresaba, viéndose allí con la mirada perdida, entumecido y sediento: ridículamente culpable por haber dudado entre sus dos pasiones y ser castigado por ello. Esas reflexiones de poca madurez le hacían ver la realidad bajo una íntima experiencia, sin afrontar realmente lo que le sucedía. Al pisar ese nuevo mundo, los recuerdos de Amuley quedaron congelados en el tiempo como él; sentía un frío afilado: un frío diferente al acostumbrado a sentir en Erbania, un frío proveniente de sus huesos y no de la piel, descontrolando sus mandíbulas; tan extraño que provocaba el hechizo de un insólito vapor saliendo de su boca, algo que nunca había visto ni sentido y que lo hacía tiritar incontroladamente.

Pasaron horas agazapados en un sucio lugar de aquel gélido y húmedo arenal, temblando, siendo vigilados por varios tripulantes de la nave en la que habían sido traídos desde su isla. Amuley, como una fiera observante, atendía con intenciones de supervivencia las diferentes labores que ese gentío podría tener —en su mayoría hombres—, pululando en todas direcciones, y un buen puñado de animales de esa especie de tamaño colosal que hacían temblar la tierra a su paso; de largos cuellos con melenas parecidas la suya y pelajes en diferentes tonos, parecidos a los que cubrían a sus cabras: grises, negras, marrones y a manchas; tan bien dominados por el hombre que, incluso a algunos arrastraban pequeñas chozas con gentes en su interior sobre artilugios redondos que giraban sobre un suelo retumbante de una manera increíble para él.

Mulas y caballos marcaban la pisada con secos y sonoros chasquidos de adoquines bajo sus pies, transitándola en carros o carretas sobre unas ruedas que las mentes indígenas eran incapaces de comprender su uso, mientras, ese capitán mallorquín negociaba su venta con los mercaderes de esclavos de Sevilla:
—Tienen buen aspecto y los traigo con pocas taras, ahí los podéis ver vos —exponía el capitán, haciendo un ademán al mercader de esclavos, como invitándolo a que lo comprobase por él mismo.

—Mucho macho fuerte, varias hembras sanas; además hay tres zagales y cuatro crías también, que de seguro les van a interesar. Alguna bien hermosa y mi palabra por delante de que aún mantienen la flor si los salvajes de su isla no se la arrebataron en sus ritos del demonio. —Terminó aclarando, agarrándose *sus partes* con la mano.

El tratante, que observó el gesto con indiferencia, se rascaba una barba puntiaguda mientras lo escuchaba pensativo y calculando sus propios intereses en ese negocio.

—*¿De ónde zalen?* —Escudriñó cortante en un característico acento andalusí, desprendido y con cierta desconfianza, pues había percibido la procedencia de ese pirata mallorquín en su deje, gente de la que, por su experiencia, no era de fiar, como otros de fuera de Castilla. La fama de estos entre los tratantes de esclavos era mala. En esos últimos tiempos no eran pocos los negocios que salían torcidos, teniendo que devolver el dinero a los compradores a los pocos días por culpa de tipos como aquel truhan, que no custodiaban la mercancía lo suficiente durante el transporte, cometiendo excesos.

Por su parte, ese capitán, consciente de que eran tiempos de gran oferta de esclavos, y de la devaluación de ellos en mercados como el de Sevilla o el de Valencia en el reino de Aragón, no le cabía más que aceptar a regañadientes la cifra brindada por varios de estos tratantes para él, no más que mezquinos usureros que, sin mancharse las manos, se aprovechaban de su trabajo manejando los precios de ese mercado a su antojo. El mismo capitán asumía, a su pesar, que similar suerte hubiese corrido en el precio final si se hubiese dirigido al mercado de esclavos de la ciudad de Valencia, y al final, ese viaje le hubiese salido más caro al perecer algo más de mercancía por un trayecto más largo.

Advirtió en ese instante que el mercader continuaba esperando la respuesta a la pregunta que le había formulado, y respondió con ligereza: —Los trincamos hace pocos días en las islas Afortunadas. Son canarios —aclaró tras una pausa, intentando recordar el nombre de la isla de donde provenían.

El mercader lo miró con cierto desdén por aclarar lo de *canarios* y tener la insolencia de poner en duda sus conocimientos de geografía, pues tenía claro que a las islas Afortunadas las llamaban las de Canaria. El encorvado tratante, de sombrías ojeras colgando sobre una nariz aguileña, comenzó a deambular entre los que llamaba *salvajes*, observándolos uno por uno de arriba abajo con método propio de sagaz profesional en la compra de seres humanos, bajo un ancho sombrero de fieltro del que sobresalía una pomposa pluma larga. Guardaba un silencio arrogante e incómodo para aquel capitán mallorquín, mientras se paseaba ojeándolos detenidamente como a objetos, rozando a alguno de ellos con el borde del sombrero en su minucioso reconocimiento.

Casi podía oler el miedo que reflejaban los rostros de muchos de ellos. Palpaba bocas, entrepiernas y músculos, incluidos mujeres y niños, sin albergar sentimiento alguno, con el objetivo de cerciorarse si le faltaba o sobraba algo a esa mercancía por la que se interesaba.

—Bien, ¡*ámo ar tajo*! —sentenció al fin en alto con la seguridad a su favor y para hacerse escuchar ante el bullicio de comerciantes y mercaderes que faenaban por allí. Sacó la faltriquera y comenzó a depositar monedas en la sucia montera del capitán que ofreció desde su cabeza para ello. El mercader paró, tensando su mirada; momento incómodo para el capitán que, tras el gesto contrariado al levantar una ceja, provocó que soltara violentamente unas monedas más, que resonaron huecas al caer en el paño. No era la suma buscada por ese capitán, de hecho, era bastante inferior a la que esperaba obtener, pero eran canarios. Podría hacer todo tipo de picarescas para embellecer e intentar aumentar el valor de su mercancía, sin embargo, se veía a la legua que eran de aquellas partes y ciertamente se pagaban a la baja. Tanto el mercader de esclavos como el capitán mallorquín tenían intención de terminar el negocio rápidamente: uno con el propósito de sacar a la venta cuanto antes la mercancía, y el otro para quitarse de en medio esa carga y comenzar a vender con más calma las pieles de las focas que habían cazado por casualidad donde capturaron a esos salvajes, por las que sacaría también una buena tajada. Venderlas ya no le corría tanta prisa, esas pieles, al menos, no pedían de beber y no sollozaban molestamente: estaban muertas.

    Ese capitán sabía que en Sevilla los canarios no abundaban, que se vendían pocos y que obtendría un precio parecido al de los negros, mucho menos que el de los sarracenos, y que le sería complicado timar a esos expertos mercaderes con la treta de hacerlos pasar por berberiscos. Los canarios tenían un color de piel a medias entre los dos, más bien tostado que cetrino. Asimismo, las sarracenas eran más caras, y a sus hembras canarias no las podía hacer pasar por sarracenas tan fácilmente, por muy bisoño que fuese el tratante; además tenían un inconveniente: las canarias resultaban ser más salvajes en el trato y usos cuando cogían confianza, menos dóciles que las sarracenas. Cierto que algunas canarias venían jóvenes y sanas, pero eso tampoco igualaba la cifra con las *moras* en las mismas condiciones, muy bella tendría que ser la canaria, rumiaba. Entre ellas había alguna por la que podría haber sacado un buen precio por hermosa si la hubiera vendido por separado, pero le interesaba quitarse el lote completo lo antes posible a poder ser, para no tener que procurarles más manutención y poder llenar la talega de dinero, emborracharse y perderse con todas las putas que pudiese en los antros de extramuros y en los arrabales de Triana. No desecharía la oferta, andaba ya cansado, cansado de su miserable y perra vida. Era lo único que sabía hacer, asaltar y beneficiarse de lo que fuera ajeno: esclavos, ganado, incluso robando a pequeñas embarcaciones cristianas en la mar y lidiando con gentuza como él y su tripulación después. Era cuando hacía puerto y tocaba tierra, cuando realmente se sentía un desgraciado al ver a otros hombres de su edad ganándose la vida de maneras tan diferentes a la suya. Y era esa incómoda visión la que lo empujaba a terminar pronto ese negocio para quedar inconsciente cuanto antes, bañado en vino, y volver después a su sucio y oscuro agujero flotante, para no volver a tocar tierra y alejarse de esa pesadumbre que lo arrastraba.

Esa ganancia, que distaba bastante de sus cálculos, daba para financiar los gastos que había supuesto la navegación y repartir a la tripulación. Con esa cantidad sacaba para unos meses de subsistencia y para poder imaginar la siguiente empresa. Así que no se lo pensó dos veces, empujado por la visión de su competencia, al ver hileras de nuevos esclavos que desembarcaban a través de los portalones de otras embarcaciones en el mismo Arenal de Sevilla.

—¡*Apa cullons, fer mans i mànigues*! ¡A tomar por culo! —Se convenció esquivo, no sin cierta resignación en el tono—. De acuerdo, hay trato —afirmó, y uno de los ayudantes del mercader sacó el documento de venta obligado por las leyes del reino de Castilla, que describía el negocio sobre aquel género, entregando el capitán por su parte la necesaria lista de las capturas con sus descripciones físicas y posibles taras, y allí mismo lo rubricaron de ley para los notarios del reino.

Amuley observaba cómo alguno de los hombres de la mugrienta casa flotante en la que les habían traído hasta allí, estaban traspasando su custodia a otros diferentes que parecían del lugar. El frío los trastornaba, de tal manera ya fuera de esa casa flotante, anulando toda acción de resistencia por parte de ese grupo en el que un par de altahay de los mahoh de los más fuertes eran separados a propósito por si tuviesen intenciones de tenerla. Sustituían la áspera cuerda que les laceraba el cuello por otras de un material tan duro y pesado parecido a cualquier piedra conocida en su tierra. Amuley no volvería a ver nunca más a ninguno de esos hombres que habían tenido la indigna idea de denigrar a las gentes de su pueblo, en su isla de Erbania. Sin embargo, para su desgracia, pasó a manos de otros de su raza no muy diferentes a los anteriores.

Aquel mercader tenía intención de vender toda la mercancía recién comprada en esa misma semana. Incluso, de hecho, lo intentaría esa misma tarde, en las gradas que había en los muros de la antigua mezquita de los tiempos en los que la ciudad era sarracena, utilizada en esos días como iglesia Mayor, en un estado tan ruinoso que a trozos se caía con tan solo mirarla, salvo la descomunal torre del campanario que señoreaba sobre todos los edificios de la ciudad. Se frotaba las manos literalmente por el tremendo negocio que acababa de hacer, con aquel mentecato mallorquín, capitán de una tripulación a la que muy mal les tendría que ir en la vida para ponerse bajo las órdenes de semejante zote, ignorante del oscuro y cerrado mundo del negocio de esclavos y otras empresas en Sevilla. Echaba cálculos sonriéndose, satisfecho de seguir en plena forma en sus negocios; sabiendo sopesar las constantes oscilaciones en el importe de esclavos según su oferta y demanda, al tanto de incursiones corsarias o nutridas capturas en batallas, que a veces sobrecargaban el mercado, teniendo reduciendo considerablemente los precios por cabeza. Pero esos eran canarios, y por norma y costumbre, los esclavos más cotizados en su venta eran los berberiscos, ya que poseían la supuesta fama de ser más resistentes que animales de carga, pues era cierto que disponían de una sorprendente resistencia física ante el trabajo duro, disimulada en sus delgados físicos. La hembra berberisca, por su parte, llegaba a ser una esclava elegante y poseía una atractiva piel blanca muy valorada por cristianos; por ellas se pagaban altas cifras, entre diez mil y doce mil maravedíes, incluso llegaban a venderse algunas por más. Por otro lado, los de raza negra en esa época saturaban el mercado, más cómodos de capturar y dóciles en el trato. Llegaban a ser esclavos de mayor confianza. En general, los negros andaban a la baja al ser más numerosos, la oferta podía resultar en bastantes ocasiones mayor que la demanda. Su precio oscilaba entre seis y diez mil maravedíes. Por desgracia para ese capitán el precio de lo pagado por el esclavo canario sería ligeramente similar al del negro, ya fuesen sus machos altos y fuertes o sus hembras sanas y fértiles; era público y bien sabidos los numerosos problemas de adaptación emanados de su salvajismo respecto a la vida civilizada.

El motivo de los tratantes para cambiar las incomodas cuerdas de esparto por cadenas no era, ni más ni menos, que para evitar ladrones de esclavos sin registrar. Estos en grupos organizados deambulaban por las saturadas calles aprovechando cualquier ocasión para hacerse con alguno de esos recién llegados, tal y como ya había pasado: robar esclavos sin papeles de su venta y sacar un dinero vendiéndolos como legales de manos de otro tratante compinchado, era algo que se daba bastante a menudo en esas calles sevillanas.

El ayudante del mercader sacó una brocha de un cubo y empujándola bruscamente contra los torsos de cada uno de ellos, los tintó —con la marca de la casa—, para diferenciarlos de los demás. Comenzaron a marchar en fila torpemente por aquella sucia ciudad, atemorizados, debilitados. Extraños y suculentos olores fugaces los atrapaban despertando un hambre apagada hasta ese momento por la sed. Amuley echaba en falta su leche de cabra que tomaba cuando le apetecía y hasta saciarse. Caminaba mirándose los pies descalzos por aquel frío camino de piedras increíblemente labradas y bien encajadas unas con otras, mientras de nuevo lo asaltaban pensamientos sobre Atenery: «Ojalá Achamán la mantenga viva, ojalá volviese a pasear con ella».

La echaba de menos, suspiraba: «Amalaya estuviera junto a ti en nuestras dunas, acariciando tu cuerpo desnudo, recogiéndote cabellos como hacía antes de ceder a tus dulces besos, pero aquí resido ahora, oh mi dios Supremo Sustentador del Cielo, ah... mal haya yo en estas tierras»: se lamentaba. Alzó la mirada, y aquella lo devolvió a esa amarga realidad que ni en el más extraño de sus ensueños vividos podría igualar a semejante pesadilla. Ese camino discurría entre hogares de varias alturas amontonadas, unas sobre otras, dándole la impresión al mirarlas de que se le iban a caer encima. Algunos niños se asomaban del interior y por encima, haciéndoles muecas y burlándose de ellos. Andorreando, hombres nervudos portando enormes bultos a sus espaldas los repasaban con miradas frías y fugaces, de fondo comprensivas al cruzarse con ellos de cerca; entretanto, en corrillos, personas vestidas de vivos colores los inadvertían al pasar por su lado como si fuesen espíritus.

Le costaba ver el cielo. Amuley acostumbraba a estar presente entre el horizonte y allí no había: aquellas gentes no podían ver el sol mientras no alcanzase el mediodía. Aunque él estaba seguro de que Magec, el que todo lo iluminaba, permanecía ese día ahí fuera ofreciendo su calor, pero no era capaz de verlo: esos muros tan altos lo impedían. Cómo echaba de menos sus montañas, su mar, echaba de menos su tierra, echaba de menos su libertad.

El gentío paseaba por las calles aledañas a la iglesia Mayor, arremolinándose en torno a las gradas del muro que rodeaba el corral de los Naranjos, por la puerta del Perdón. En esas gradas sonaban diferentes acentos anunciando a voz en grito productos humanos de los confines del mar Océano y el Mediterráneo. Quien tuviese intenciones de comprar un esclavo, estaba en el lugar indicado para ello: disponía de numerosos puestos por allí repartidos con diferentes opciones de razas, sexo, edades y precios para elegir. Mercaderes genoveses, portugueses, florentinos y sevillanos se disputaban el negocio de seres humanos en esa calle, epicentro de la venta legal de esclavos en el reino de Castilla.

El que los compró al capitán momentos antes de manera metódica y en su rutina, tomó posición en el lugar de siempre con esos canarios recién adquiridos:

—*Vamoh ar lio, que ezto zale hoy* —arengó a sus ayudantes en marcado andalusí— ¡Tú! venga, saca a ese, ¡pero ya! —señalando a un niño que no contaba más de ocho años, encadenado a la hilera de canarios.

Al liberarlo, corrió hacia su madre prisionera de esas argollas, llorando y enroscándose por completo en torno a ella instintivamente con piernas y brazos. La madre hizo lo mismo con su cachorro, protegiéndolo con ese gesto de aquel desalmado que, junto con sus dos ayudantes, intentaban arrebatárselo de sus brazos. Como loba enloquecida, lanzaba dentelladas como único recurso para defenderse. El mercader se enfureció tanto con el ayudante por soltarlo tan a la ligera, que lo apartó al suelo de un puntapié. Tenía la suficiente experiencia para saber lo que iba a pasar: si se soltaba a un niño salía corriendo hacia la madre, siempre. El otro ayudante en ese forcejeo se llevó un buen mordisco ensangrentando al momento su brazo, situación con la que terminó el mercader propinando con furia a la madre varios golpes en la cabeza con un recio bastón de madera, hasta dejarla inconsciente tendida en el suelo. Ocurría toda esa dramática situación ante los ojos inclementes de todo aquel público que los rodeaba. Ninguno miró extrañado, ninguno reaccionó por costumbre. El mercader se secó el sudor con la manga de la camisa mirando a su alrededor avergonzado, satisfecho al menos de haber salido al paso de ese asunto rápidamente; valorando al instante el no tener más remedio que malvender a esa esclava según las condiciones en las que quedó tras esos golpes. Al menos, la muy *perra* respiraba, repasó, tenía más, era un mal menor, sopesando ese problema.

—Esta la pagas, ¡pájaro! —refiriéndose al ayudante que había provocado la situación.

El mercader agarró al niño por la oreja tras soltarlo de la madre a golpes en su frágil costado, subiéndolo enérgicamente en peso y de esta hasta las tablas de la grada, y así comenzó la primera venta del día: lo exhibía grosero, exponiendo con soltura una somera descripción acerca de dónde venía y las posibilidades para sacar partido a un *cachorrillo* tan joven. Varias personas que se encontraban frente a este punto de venta, con intención de gastar sus ahorros en la compra de esclavos por diversos motivos, comenzaron a alzar las manos gritando cantidades. El mercader reía sarcástico en su particular forma de venta, negando con exagerados mohines entretanto indicaba su precio al alza. En pocos minutos el niño canario ya había sido vendido, y desapareció de la mano del hombre que lo adquirió: rollizo —de la misma forma que sus mofletes—, luciendo un rostro de intenciones muy diferentes a pretender dar un oficio a ese pobre niño que había quedado bajo su propiedad, posiblemente de por vida.

Amuley quedó paralizado e impotente con aquello. Sin opciones sensatas de poder hacer algo, observaba muy consciente lo que estaba pasando: los intercambiaban como a cabras. Para él era incomprensible que personas utilizaran a otras personas de tal manera que a ganado. Se preguntaba con qué los estaban intercambiando, allí no veía trueques con carne muerta, ni leche, ni gofio. Sin embargo, cuando se los iban llevando uno tras otro, aquel mercader de nariz aguileña recibía puñados de conchas o piedras, tan brillantes como nunca había visto, guardándolas —tras morder— en una pequeña talega de cuero.

—Tranquilos —calmaba Amuley a los demás en su lengua—, no quieren matarnos. Nos habrían matado ya si fueran esas sus intenciones, aguantad sin luchar pues nuestros dioses nos traerán vientos propicios.

Ninguno lo escuchaba. Las palabras entre los mahoh se habían limitado a la mínima expresión para garantizar su supervivencia, a gestos más bien, arrecidos por el frío y el miedo. Apenas ya se miraban entre ellos, avergonzados de estar atravesando por las indignas situaciones que los estaban haciendo pasar. En la mayoría de ellos ya, sus corazones latían como ausentes de esperanzas.

Disfrutaban muchos interesados en esa fría y húmeda tarde en Sevilla, buscando esclavos para todo tipo de fines: servicios domésticos, trabajos físicos, talleres, empresas de minas, estibadores, tahonas, cuidado del ganado; en definitiva, de todos los oficios que se lo pudiesen permitir. El mercader sevillano seguía a voz en grito alabando las virtudes de los productos que allí estaba exponiendo, mientras tanto brindaba la posibilidad de completar el negocio con seguros a los que allí pujaban, por si las hembras que le comprasen, en mayor medida, viniesen picadas. Capataces o maestros de oficios del populacho, en su mayoría, en busca de mano de obra barata, intentaban convencer al mercader para intercambiar esclavos por especias o bienes; ofrecimientos que en otra ocasión hubiera aceptado ese mercader, pero en esa tarde no: prefería dinero en metálico y no enredarse en valoraciones, hacía frío. Ese lote canario no le aportaría ninguna rentabilidad notable, no obstante, al comprarlos baratos saldría igualmente ganando.

El ayudante mordido por esa *salvaje* —amagado aún por el dolor—, soltó la pesada argolla del cuello de Amuley: —Estate quieto, diablo, o te muelo a palos, ¿estamos? —susurró violentamente sin entender este ni una palabra, interpretando a la perfección el gesto de enseñarle el bastón con el que momentos antes se habían despachado con aquella madre de los mahoh, en ese instante encogida y muda toda ella sobre el suelo.

A Amuley no le hizo falta conocer su lengua para saber el significado de esas palabras. Quedó esperando su turno a los pies de la crujiente escalera que ascendía al entablado, donde el mercader manoseaba e intentaba sacar un buen importe por la esclava más valiosa que consideraba dentro del lote: la bella niña de su raza, reconocida a su vez por su nombre, desde el día en el que la madre de Atenery se arrojó al mar desde la borda de la carraca donde los trajeron embarcados.

—¡Observad a esta bella hembrita, una hermosa princesita canaria, de piel tersa, joven y de excelentes atributos futuros como podéis ver, de dientes fuertes y carnes prietas! —decía, mientras le propinaba —para él—, un gracioso cachete sobre la mancha característica que la identificaba en su glúteo desnudo.

La niña, en pleno desarrollo a mujer, miraba al suelo avergonzada por su completa desnudez que, pese a verse en ella por costumbre en Erbania, en esa ocasión, y ante las decenas de personas que allí estaban interesadas en su cuerpo, le resultaba violenta.

—Esa, esa la voy a comprar, querida —indicó don Reinaldo Infante y Terreros, a su mujer, doña Caterina.

—Llevad esa, no habrá problema por mi parte, querido. Por mí podéis comprad y llevad a nuestra casa todas las esclavas bellas que desees y que más lascivia os provoquen. Pero esposo mío, deciros que, yo a su vez, de aquí no saldré con las manos vacías y mi elección, a fe mía: la tendréis de respetar —decretó punzante al oído, silabeando nasal, en un particular castellano afinado de exótico acento foráneo.

El hidalgo don Reinaldo y su esposa, doña Caterina, eran un matrimonio aristócrata de la alta alcurnia sevillana, de enlace pactado hacía ya veinte años entre dos familias nobles: la de él, venida del reino de Navarra, y la de ella de origen francés asentada en la ciudad. En un principio era un matrimonio bien avenido, otorgándose entre ellos gran independencia, sin embargo, tantos años inmersos en esa corte, habían provocado no pocas manías y caprichos en don Reinaldo, los cuales llevaba tiempo soportando doña Caterina; creando con ellos, una asfixiante monotonía en la vida de ella.

Disponían de varios herederos desposados con ventajosos consortes y vivían, sin ninguna actividad laboral, de las abundantes rentas obtenidas de sus tierras y empresas. Entre varias fincas y haciendas ostentadas, trasladaron su residencia a un nuevo palacete a poca distancia, tras esa misma iglesia Mayor, en el barrio de La Judería, rodeados y asistidos por numeroso personal de servicio. Lo habían adquirido, al parecer, por una suma irrisoria aprovechándose de la huida de una familia judía, como muchos otros nobles cristianos adinerados que se beneficiaron de la persecución a los sefarditas, tras las numerosas algarabías cometidas contra esa comunidad antaño.

La pareja de señores llamaba la atención por su vestimenta, esa gente noble y adinerada no abundaba por las calles de una ciudad en la que cohabitaban en esos momentos: mujeres del vulgo, mudéjares, marinos, campesinos, comerciantes, aventureros, ladrones, esclavos y libertos manumitidos de diferentes razas y colores, en su gran mayoría populacho; personas sin apenas recursos.

Don Reinaldo tenía intenciones más lascivas que laborales en aquella niña esclava que se le había antojado. Quería disponer de chicas bellas y jóvenes por el mero placer de jactarse de sus posesiones con sus semejantes. Pese a que, doña Caterina, lucía delicada elegancia femenina y atractiva para todo hombre juicioso —manteniendo una gran hermosura en el tiempo—, ya hacía tiempo que no estaba siendo deseada por él. Era una mujer que reflejaba una juventud con todo el tiempo del que quiso disponer en su ociosa rutina, para dedicarse al cuidado de su belleza, un rasgo vivo en ella —entre otras cualidades—, al cual sabía sacar partido acrecentando ese atractivo con particular arte seductor. Esa tarde se presumía encajada en una saya forrada que estrenaba en tonos verdes, de una tela que parecía pulida por resplandecer por sí misma, con bordados de grana y oro cerrando el contorno de unos pechos apretados en ese ligero escote que llevaba oculto por decoro tras una gasa transparente. Sus cabellos rubios, poco comunes en esas latitudes, iban recogidos en un tocado de un tejido combinando a la perfección con aquella gruesa prenda. Colgaban de su cuello un par de collares exageradamente vistosos, prácticas pero elegantes baratijas según ella, para así evitar los habituales robos por tirón de moda en la ciudad. En su mano derecha sostenía un pañuelo blanco, usado para secarse el sudor en verano y, en ocasiones como en las de ese día, cubrirse boca y nariz cuando el hedor de los lugares por donde pasaba llegaban a molestarla. Aunque era mujer de duro temperamento por el paso del tiempo, seguía siendo dama de alto valor en elegancia y delicada por su educación.

Doña Caterina sabía que esa lascivia y los viciados hábitos de su marido le venían por el entorno oscuro de una corte con poco control, demasiado alejada de su rey, a la que no podía criticar ni oponerse públicamente. Por suerte, parte de la economía aportada en el matrimonio venía de la familia de ella y eso le proporcionaba cierta independencia y el derecho a disponer de su dinero a voluntad, como era el caso, para hacerse con un esclavo de las mismas características que aquella joven hembra que pretendía comprar su lujurioso marido. Ella observaba a su consorte con notable animadversión en ese momento, por lo hosco y poco elegante de su comportamiento para su condición. «Y, ¿qué decir Dios mío, de esa ridícula postura de quien se cree noble y no es más que un asno?», pensaba de él mientras lo repasaba de arriba abajo, observando su mano floja, poco varonil, apoyada sobre el mango de la espada colgada, más ornamental que defensiva para más vergüenza y luciendo aquella facha: un ajustado y espantoso —para su gusto—, calzón morado —que tanto le gustaba vestir—, junto a la saya azul bordada sin conjuntar con el pequeño bonete del mismo color sobre su cabeza.

—Pujad por ella, querido —entonó echándole un vistazo en expresión arrogante.

Don Reinaldo miró a su mujer con gracia, la situación le producía cierta excitación: —¡Jeremías!, ¡puja por esa! —ordenó a uno de los tres lacayos, de raza negra, que los seguía vistiendo como cualquier hombre libre de su entorno.

Jeremías era el nombre con el que lo llamaron desde que lo compraron, hacía ya muchos años. Un africano grande y fuerte, sirviente dócil y de confianza, las veces custodio de su seguridad por esas peligrosas calles de Sevilla colmadas de pillería a la vuelta de cada esquina. Ataviado con un jubón amarillo realzando aún más el color de su piel, marchó a ejecutar esa labor con la misma diligencia con la que realizaba todos los encargos de su señor. Y, el esclavo y lacayo negro, se aproximó a las primeras filas, comenzando a pujar por aquella esclava canaria. «Un esclavo pujando por otro esclavo, diablos», refunfuñaba Jeremías incómodo con esa tarea en su lengua materna africana. Él era un hombre discreto, acostumbraba a servir obedientemente en obra, que no en espíritu; en su interior moraba un resentimiento hacia sus señores y a todos los que no fueran de su raza. Desconfiado por naturaleza, interpretaba perfectamente su papel mientras disimulaba con gran cinismo para sus adentros. Jeremías tenía la confianza de su señor para llevar una faltriquera con monedas y disponer de ellas para pequeñas compras y otras mayores como podía ser esa. Y con ella en la mano, al fin terminó llegando a un arreglo con ese mercader sevillano de nariz aguileña: consiguió a esa esclava tal vez a un precio más alto de su valía para él —al no ser de su raza—, pero era capricho y orden de su amo, y así debía de comprarse. Don Reinaldo tuvo que aproximarse para firmar el documento de compraventa y aprovechó para echarle un vistazo más de cerca a la desnudez de su bella adquisición, antes de cubrirla con una camisola, una envoltura parecida a un saco de tela, para podérsela llevar con un atuendo más cristiano y decente que el atuendo nativo del que la habían despojado al subir al improvisado escenario. El señor sintió enormes deseos llegar a su palacete y quedarse a solas con ella sin tanta gente alrededor.

Utilizando un escalón del muro a modo de mesa, un ayudante del mercader rellenaba el documento de compraventa, mientras verbalizaba y escribía sin ninguna pasión: —Una esclava de nación canaria, amulatada, cabello trigueño, de buena hechura, con antojo marrón oscuro en nalga derecha... de nombre *Adaza* ¿Qué nombre le pondréis en el documento, mi señor? —interrumpió lo que escribía mirando al comprador.

—Juana... escriba *Juana* —contestó don Reinaldo, a quien no le gustaban los nombres extraños.

—Bien: Juana, a la de edad de trece años, a ojo, adquiere su propiedad, su merced don Reinaldo de Infante y Terreros.

Le tocó el turno a Amuley. Le arrancaron de un seco tirón el calzón de piel de cabra y con una brochada en aceite lo empujaron, a continuación, totalmente desnudo, hacia lo alto de las tablas donde instantes antes estaba Adassa. Este quedó en pie frente al gentío, con la mirada orgullosa de una ira contenida fruto de su juventud. El de la nariz aguileña lo agarró del brazo y Amuley se dejó llevar, seguro de sí en que en dos simples movimientos era capaz de matar a ese hombre. Quizá no matarlo, pero sí dejarlo herido en el suelo. «Pero, ¿y después?, ¿qué pasaría después si lo matase?, ¿de qué serviría?», se convencía de estar tomando la decisión acertada con esa actitud pasiva. Había visto con sus propios ojos en el pasado cómo fuertes guerreros quedaban inútiles, sin poder andar para toda su vida, por un mal golpe en la espalda, algo que lo aterraba y evitaría cuando estuviese rodeado de tantas amenazas, como era el caso. Prefería morir luchando cara a cara que resultar malherido tras ser apaleado en un posible tumulto posterior a su acción. Evitaría iniciar un combate que no pudiese ganar. Conque apretó los dientes y se dejó manejar, exponiéndolo el tratante ante el público por ambos costados. Podía notar cómo decenas de miradas extrañas de expresión interesada y otras de indiferencia se clavaban en él, mientras escuchaba sin entender nada de lo dicho por aquel *malnacido*. «¿Huir?, me capturarían sin problemas en poco tiempo», seguía sopesando con apropiada inseguridad.

Don Reinaldo trajo agarrada del brazo a la esclava para mostrársela a su esposa: —Bueno, aquí está, ella es Juana, ¿no saludas, querida?

Doña Caterina tan solo sonrió con cierta lisonja, dolida en parte por la insolencia que estaba teniendo su esposo para con ella delante del mismo servicio. Ni siquiera la señora podía negar la natural belleza de esa esclava allí presente, de cabellos castaños y un envidiable cutis terso y aceitunado sobresaltando con finura unos carnosos labios formidablemente morbosos, temblando en ese semblante temeroso e inocente sin más, por no entender seguramente nada de lo que ocurría a su alrededor. Ya en frío, y disimuladamente ofendida doña Caterina con esa esclava a su lado, manteniendo su belleza incluso allí descalza y vestida con aquel horrendo camisón blanco hasta los tobillos, fijó su mirada en ese instante en el siguiente esclavo que exponían para su venta: «Pero qué suerte he tenido», valoró nada más verlo. Era un joven estilizado de largos cabellos, tan negros y sucios como una piedra de azabache sin pulir en contraste a su cuerpo lampiño, con marcados muslos dorados a fuego lento, semejantes a los de un asado de carne bien hecha de bocado apetecible bajo ese aceite que los cubría. La expresión de su rostro era solemne, exótica, acaso tan masculina como su torso. Mantenía una mirada tan penetrante, desafiante y cautivadora para ella, que la atrajo aún más que su cuerpo bien dotado con un miembro que le ondulaba sin vigor pese a la temperatura y el lugar.

Doña Caterina vertió unas palabras en el oído de su dama de compañía, y esta, a su vez, pasó ese discreto mensaje a Jeremías, el lacayo negro, que con la bendición de su amo don Reinaldo, encantado de entrar en ese lujurioso juego con su esposa, se situó en las primeras filas para pujar por otro esclavo una segunda vez: «El mono Jeremías a por otro esclavo», gruñó de nuevo incómodo en su lengua materna.

Terminada la puja, tras acercarse el señor nuevamente para firmar el documento de compraventa y haberle leído en voz alta protocolariamente la descripción de las señales y características particulares del producto adquirido, el ayudante del mercader, de la misma manera que había hecho momentos antes, se interesó por el nombre elegido para garabatear en aquel documento, no sin antes advertirle del burdo asignado en su descripción: —Este se apoda *Buey*.

—Juan... nómbrelo como *Juan*.

En ese instante se escuchó una voz femenina interrumpiendo que asomaba imperiosa por encima del hombro del señor: —¡Ponga ahí su nombre de salvaje! —ordenaba doña Caterina—. No me mire así y escriba... ¡Venga! escriba ahí... escriba, escriba su nombre, he dicho—. Agitando con desaire el pañuelo blanco con las yemas de sus dedos.

Sosteniendo dubitativo ese legajo en sus manos, el ayudante del mercader dirigió obligada una mirada al señor buscando aprobación, respondiendo este irónico con cautelosa resignación.

—Un esclavo que se llame *Buey*, ¡habrase visto, mujer! Vamos a ser el hazmerreír de nuestros conocidos. —reprochó.

—Este sirviente lo he comprado yo y se va a llamar como a mí me plazca, ¿sí, querido? ¿no sé si mis palabras le han quedado claro a vos? —enfatizando un mensaje de fondo soterrado en esa frase que solo su esposo interpretaría, bajo una temerosa ceja levantada en su rostro.

Y de esa guisa sentenció la conversación: en esa fina línea de equilibrio en el respeto que el paso de los años había depositado en ese matrimonio, algo que venía sucediendo de manera habitual y por costumbre, cada vez que intercambiaban sus razones. Pese a ello, él insistía en provocarla por pura diversión y sacarla de quicio las veces que la encontraba con la guardia baja. No obstante, en casi todas las ocasiones que osaba a hacerlo, era él el que salía mojado de ese torrente de tensiones acumuladas que, al aflorar en público, le provocaba vergüenza ajena, como con ese descaro, en ese momento y con ese documento que cambió el aparente gesto varonil de su esposo por otro algo más pueril.

Herido en sus carnes con la insolencia que antes había tenido con ella, don Reinaldo sacó su ira en el pulso de soberbias en el que él mismo estaba metido y, pretendiendo dejar claro con su arrogancia quién mandaba ahí, arrebató al ayudante del mercader el legajo de compra que, boquiabierto aún por la atrevida contestación de esa dama, mantenía suspendido en el aire, de un bando a otro en ese tira y afloja, dudando a quien entregárselo de los dos; lo estampó en el escalón y le indicó en voz baja: —Ponga *Buey* y dejémoslo estar.
—Entregándole una moneda.

Subido sobre esas tablas, Amuley podía ver por encima de las cabezas de la muchedumbre. Aquello para él era un nido de hambrientas fieras agitadas en un constante ir y venir. «¿Cómo pueden vivir así? Va todo muy rápido: esa desesperación en sus caras, dan asco; han perdido su nobleza», reflexionaba repudiando ese nuevo mundo en el que se veía obligado a estar. Ni tan siquiera podría sospechar el cómo sería su vida en ese, ni en los próximos días que viniesen. Tampoco era el momento de pensar demasiado, no obstante, en el fondo le pesaba la idea de no tener elección: debía de aprender a subsistir ahí para sus restos, adaptarse o morir como única opción, al igual que hacían esas gentes —que sorprendentemente frente a él—, lograban sobrevivir en vidas ruines sobre esa tierra extraña.

No fue en ese día ni en ese lugar, mas poco tiempo aconteció para ser consciente Amuley de lo despojados de amor propio que estaban, colmados de miedos, de complejos y de las congénitas envidias presas del rigor de la codicia por supervivencia, de las que dependían sus temerosas vidas. De unas clases superiores viciadas por el poder y unos religiosos aún con más apetito de oro que de espíritu. Tiempo de escasos hombres de honor, que fuera cual fuese su clase, raza o fe, eran indigestos; incluso perseguidos, ejecutados o denostados. De la falta de libertad, salvo la que sus jefes o señores marcasen por capricho. Aquellos cristianos subsistían siendo más esclavos que él, que pese a ser esclavo, su corazón continuaría digno y «Libre con Coraje», como rezaba su nombre, con el que sus padres quisieron marcar su destino.

Fue esa la sentencia personal en su juicio de valores sobre esa novedosa sociedad en la que se encontraba. Sabidurías que obtendría en esa condena —con el paso del tiempo—, en sus no pocas y encarnadas experiencias que le sucederían. Pero en ese instante, Amuley no comprendía su situación y su espíritu lo apagó, dejó de tratar de entenderla: el frío y el cansancio adormecían sus pensamientos dejándose llevar con prudencia por las circunstancias.

Tras varias vueltas sobre sí mismo ante un público jaleante, lo bajaron a empellones, lo cubrieron y lo entregaron seguidamente a un hombre grande y negro compuesto como los blancos, llevándolo ante una mujer madura bajo esas tablas, una mujer que quedó observándolo muy de cerca pareciendo sonreír en ello. Era el único ser humano que le había sonreído hasta ese momento: esa cálida mirada humedeció sus ojos y por siempre la recordaría guardando fiel respeto a quien se la ofreció.

El negro agarró a Amuley, depositando en su mano dos bolas e introduciéndole una tercera en la boca. Sintió un sabor indescriptible, aquello con aspecto de sal era de intenso dulzor, más que un dátil tendido al sol. Tras ingerirlo pronto comenzó a advertir el cómo esa sustancia recorría su cuerpo nutriéndolo por momentos, devolviéndole cierta energía y con ella algo de esperanza.

—Venga, vamos... ¡Vamos! —escuchó Amuley de esa mujer. Al tanto del significado de esa palabra por las veces gritada desde su captura, sonándole en ese caso extrañamente afable. Y a media tarde caminó descalzo por entre las bulliciosas, húmedas y frías calles de Sevilla, tras aquella mujer de dulce mirada a la que acompañaba, custodiado por varios hombres fuertes de otras razas distintas a la suya, junto a aquella joven de Erbania que había conocido en tan malditas condiciones, llamada Adassa.

«Mejor destino que el anterior», se dijo reconfortándose. De repente, Amuley tuvo la sensación de dejar algo atrás a donde dirigió la vista de inmediato: allí se quedaba su gente, los mahoh, de los que se alejaba poco a poco. Allí permanecían con ese «malnacido» de nariz aguileña sin saber qué sería de ellos, y de pronto un sentimiento de culpa, de no haber sabido estar a la altura para protegerlos en su captura, de no haber hecho todo lo posible como guerreo altahay, lo removió por entero. Se alejó, sin poder olvidar aquella triste desolación en sus rostros, rostros que probablemente no volvería a ver nunca jamás.

V
Atenery

Isla de Erbania, actual Fuerteventura.

Podía ver en el horizonte una gran nube negra, aislada sobre el mar con luces centelleantes en su interior desplegando una tromba de agua bajo ella. El sol lucía apagado y el viento del sur traía tormenta: olía a lluvia. Atenery echaba mucho de menos a sus padres, desolada cada vez que pensaba en sus diferentes marchas, en esa obligada ausencia de presencia en su vida. Necesitaba abrazar a Amuley y compartir con él todos esos sentimientos asfixiantes hasta el punto de no reconocerse a sí misma. Acariciaba con ternura el amuleto que le había regalado días antes de su captura por los demonios del mar, hecho de pequeñas conchas de burgados. «¿Seguirá vivo?», ella sentía que sí lo estaría, tenía ese presentimiento. Pese a ello, los oscuros momentos por los que estaba pasando la llevaban hacia certezas muy dañinas para ella: sabía que, aunque estuviese vivo, no volvería a verlo nunca más. Atenery conocía todas esas leyendas que hablaban de gentes desaparecidas que nunca vieron regresar, ni de nadie que supiese de su vuelta a Erbania para contarlo. Se mortificaba pensando en ello, pero su ser estaba dividido entre su corazón —que aún albergaba la absurda esperanza del retorno de Amuley—, y su juicio —gritando con rabia lo imposible de su regreso—. Un juicio que le indicaba el camino de lo racional. De igual manera, ella mimaba con celo ese pequeño trozo de su alma para mantener viva la llama de esa esperanza.

Su tío Tenaro se encargó de relatarla en soterrada malevolencia lo ocurrido en ese día en el que ella huyó para hundirla si cabía más: su padre a duras penas resistió ante aquellos demonios, cuando intentaba arrebatar a su madre de las sucias manos de uno de ellos que la arrastraba con violencia por sus cabellos en esa playa, hasta ser atravesado mortalmente por una vara brillante. Su madre, sin prudencia por su perturbación, se zafó y saltó a la cara del que había arrebatado, instantes antes y sin inmutarse, la vida de su esposo; y como animal salvaje le introdujo los dedos en las cuencas de sus ojos, pero antes de lograr arrancárselos la golpearon brutalmente en la cabeza con el mismo objeto empapado en sangre que momentos antes penetró el cuerpo de su esposo. Se ensañaron con ella y desapareció en aquella casa flotante que tanto sufrimiento dejó en el norte de la isla.

Atenery después de aquel día no volvió a ser la misma joven feliz y despreocupada que era. Se sentía culpable por haber huido de allí en esa mañana en la que corrió y corrió llevada por el pánico, alejándose de aquella matanza. Fue presa de un miedo atroz: una emoción jamás sentida en todos los años de su vida, permaneciendo en su interior desde ese en concreto, transformando su persona en otra diferente a la que era. Dejó a todos sus seres queridos atrás. Se arrepentía de ello. «Tenía que haberme quedado», repetía y repetía a todos cuando de aquello se hablaba, torturándose con esas afirmaciones: «Al menos me habrían llevado junto Amuley o mi madre, o a la muerte con mi padre, ¿no hay peor destino que el estar muerta mientras respiras?», en un lloro perenne, agonizando en su sufrimiento.

No quería ni se permitía sentir nada que no fuese dolor, se la veía verdaderamente desmejorada. Se había planteado incluso la muerte como una solución a ese aterrador tormento y a esa espantosa culpa que la consumía.

Por decisión de los ancianos, al haber quedado sin padres, su casa pasaba a manos de parientes del clan, y ella sería acogida en la casa de su tío Tenaro, al que le concedieron también el ganado familiar. Este vivía al otro lado del poblado, siendo él quien se encargaría de su protección como si fuera una más de su familia.

Tenaro tenía dos hijas hurañas y un varón pusilánime indudablemente inútil. Atenery comenzó a residir en un entorno extraño, en un nuevo seno familiar en el que no recibía cariño ni comprensión. A su pesar, en esas semanas de convivencia ya le había dado tiempo a darse cuenta de cómo eran cada uno de ellos en esa familia: la trataban como si fuera una carga. Atenery se sentía un bicho raro, porque así se lo hacían ver. La obligaban a trabajar sin descanso para merecerse su acogimiento. Sus primas se aprovechaban de la situación de desamparo que estaba sufriendo, para hacerle de menos y hablar mal sobre ella a Tenaro y a los demás de la aldea, sin tener motivos. Atenery sabía que ese comportamiento podría ser por envidia, no obstante, eso no aliviaba el dolor producido por sus desprecios. Sin haber razón más evidente que la de ser más hembra que todas ellas pese al calvario que soportaba: la que más —antes y después de lo sucedido—; ya que, sorprendentemente mantenía viva esa condición aun presentándose tan desmejorada.

A Atenery se le caían las pieles que vestía por su delgadez, apenas tenía apetito, no comía. Cada día se encontraba peor de salud, mareada y con náuseas, no paraba de vomitar a cada momento. Su rostro, cadavérico y ojeroso, reflejaba la más desoladora de las tristezas. El brillo de sus ojos y de su piel había desaparecido y con él su sonrisa. En esos días ya no hablaba, no escuchaba a sus dioses ni a sus ancestros, no quería orar furiosa con ellos: no entendía el porqué de todo aquello. Era un alma errante.

En esa tarde comenzaban las ceremonias de enterramiento de algunas víctimas de aquel brutal ataque, de su aldea y de otras cercanas como la de Tisajoire, que perdieron también a algunos vecinos, dejando a varias familias rotas de por vida: algunas sin un hijo, hijos sin madre, familias sin padre o los dos a la vez, como era el caso de Atenery.

Llevaban días trabajando con los cadáveres, el proceso de embalsamamiento había durado lo mismo que si fuera para un rey. El mirlado era una técnica costosa de asumir para familias humildes, pero, al ser esta una ocasión tan traumática para la comunidad, el Consejo de Ancianos tras reunirse en el tagoror, decidió que todos los fallecidos recibiesen el mismo trato en los enterramientos y que sería la comunidad, y no las familias, la que se encargaría de sufragar los trabajos de embalsamamiento.

Se corrió la voz por el norte y centro de Erbania de la necesidad de mirladores, debido al elevado número de fallecidos, y acudieron varios de estos entendidos para preparar esos cuerpos para su enterramiento. Los embalsamadores eran los únicos que conocían los secretos de su oficio, un gran misterio que reposaba en sus conocimientos.

Los familiares iban entregando los cuerpos en silencio, sin mediar palabra a estos nómadas que llegaban en solitario al poblado, provenientes de sitios lejanos, envueltos en largas pieles y rostros tiznados en blanco. Se llevaban los cuerpos en camillas a lugares aislados para proceder a trabajar con ellos con la máxima reverencia y solemnidad. Mientras estos trabajaban, las familias elegían y preparaban el lugar donde se enterraría para siempre, donde acompañarían al espíritu del fallecido con sus oraciones.

Algunos del poblado rumoreaban en corrillos sobre lo que habían escuchado que hacían con esos muertos: que los secaban al sol durante días mientras los ungían en mantecas aromatizadas hechas con hierbas especiales. Para Atenery, lo verdaderamente importante era el cariño y el respeto preparando esos cuerpos exánimes, en su caso, el de su querido padre.

Ella eligió para el enterramiento de su progenitor una oquedad natural situada en la cercana montaña del Huriamen, uno de los lugares preferidos de su padre; le encantaba, recordando el haber pasado entrañables tardes enteras con él cuando era pequeña. Tras la aprobación de la cavidad por el mirlador, se entretuvo con amor acondicionándola durante días, ella sola, con pieles en el suelo, *tabajostes* de barro rellenos de manteca y un menaje con los enseres predilectos de su padre. Atenery, pese a no sentirse bien, no podía faltar a las ceremonias de esa tarde. Su amado padre estaba allí y quería procurarle el mejor de los rituales.

El Sol ya se ocultaba y por eso se daba prisa en asearse bien el cuerpo, brazos y manos, de la sangre y restos de placenta con las que se había manchado al ayudar a parir un cabrito. Quería ir limpia a la ceremonia por lo que, previéndolo, recogió esa tarde algo de agua del manantial con la que se estaba lavando.
Ocultándose de su vista, al amparo de sombras difusas y alargadas en esa luz extraña y residual de tonos ámbar en aquel atardecer, desde la lejanía, *él* la observaba con penetrante y perturbador apetito. Atenery tras desprenderse de sus pieles para asearse, sus nalgas prietas se abrían y cerraban al agacharse mientras él se apretaba duro sin ella saberlo con la respiración fuerte e intensa que le causaba esa situación. Su joven cuerpo era encendido con los tenues rayos de sol anaranjados como el fuego, que resaltaban una estrecha cintura donde asirse para montarla. Allí, tras la casa, no había nadie ni dentro ni en los alrededores. Él lo sabía. Quedaban los dos solos en ese lugar. Esa vivienda en concreto distaba de las demás y las gentes del poblado estaban en las ceremonias. Seguía bruto como un macho cabrón en celo mientras no podía apartar su vista de cómo se agachaba desnuda para enjuagarse con el agua de la vasija, abriendo sus jóvenes y firmes nalgas repetidamente, dejándolo imaginar todo lo que había entre ellas.
Y ya no pudo reprimir durante más tiempo su instinto animal: iba a hacer lo que quisiera con ella. Corrió como poseído desde donde estaba y se abalanzó sobre su espalda, rodeándola con los brazos, dejándola

inmovilizada y sin escapatoria. La lamía incontroladamente mojándola de babas. Ella quedó paralizada, inmóvil y asustada durante unos instantes. No sabía qué hacer, el pánico la suspendió en un abismo de indecisión ante lo inmoral: se encontraba indefensa, desnuda e intentó gritar. Él le tapó la boca. Sus gemidos le embrutecían aún más mientras intentaba penetrarla. En ese instante, Atenery notó inesperadamente algo familiar: el olor de su tío en su nuca.

—¡Maldito cerdo, hijo del diablo! —gritó. Cuando de un fuerte mordisco apartó la mano que tapaba su boca.

En ese intervalo reaccionó, sacando fuerzas para abrir los codos y soltarse de aquel repugnante abrazo.

—¡Maldito seas, Tenaro! —le escupió una vez más, mientras él continuaba impulsado de una ceguera irrefrenable de animalidad, intentando forzarla, abriéndole las piernas a patadas totalmente descontrolado. Atenery jamás pensó que su tío, ese hombre improductivo y temeroso, llegara a cometer una perversión tan canalla.

—¡Maldito cerdo, suéltame, se lo contaré a tu mujer! ¡Cuando venga Amuley te matará, asqueroso!

—Amuley no volverá, nunca volverá, mujer, ¡nunca! —contradijo entre dientes, con ese apestoso aliento pegado a su boca lamida por él, intentando saciar su lascivo apetito.

Tras aquellas palabras explotó en rabia, dejando atrás esa parálisis inicial. Con las manos palpó a sus pies la vasija de barro con la se estaba lavando y, sacando una sobrehumana fuerza provocada por esa ira que contenía de tanto sufrimiento, se la destrozó en la cara por completo al golpearle con ella en el primer intento de su arrebato. En ese instante su tío perdió el conocimiento, dándole a ella el tiempo suficiente para recoger su tamarco de piel del suelo y escapar corriendo sin mirar atrás, escondiéndose en esa noche que ya había caído.

Sonaban tambores y caracolas, la gran hoguera chisporroteaba a lo lejos, nadie advertía su presencia desde allí. Atenery, abrazada a sus rodillas aún temblorosas, allí sentada, no se sentía con fuerzas para estar en compañía, ni siquiera de mirar a nadie, avergonzada, humillada por lo que le había ocurrido. «¿Qué más podría sucederme?», se lamentaba, «¡La muerte de mi papá, la desaparición de mi pobre mamá y de mi Amuley!, ¿por qué? ¡He aguantado una situación vergonzosa en casa de mis tíos y ahora esta asquerosa humillación con el repugnante Tenaro! ¡Maldita sea mi vida, malditos seáis todos, ancestros, dioses y genios!», expresaba reprochando entre lágrimas de furia, mirando a la luna: «¡Dónde estáis!, ¿eh?, ¿dónde? Yo os maldigo, ¿dónde estáis ahora, Chaxiraxi, diosa que carga con nuestra Tierra?, ¿y tú, Achuguayo, dios de la Luna que llena entera avanzas por el este sin decirme nada?», terminó iracunda mientras se golpeaba el pecho a puños cerrados: se odiaba a sí misma.

Gimiendo en cólera cayó de costado al suelo, desfallecida y sin apenas fuerzas. En esa postura se quedó, escudriñando por el resquicio de uno de sus ojos semicerrados aquella ceremonia de despedida a los difuntos. Veía cómo hileras de antorchas en pequeñas comitivas acompañaban a los muertos que, envueltos en sus pieles, iban siendo dirigidos a los lugares de enterramiento. Desde el poblado se alejaban en diferentes direcciones: de la montaña de la Arena, del Huriamen, Tindaya y de la Muda. Y hacia el malpaís de la Arena y del Bayuyo, donde se horadaron cistas, para los que elegían ese tipo de enterramiento por costumbre familiar. Ella sabía que alguna de esas antorchas camino del Huriamen, estaba encendida por el alma de su padre, que sería sepultado por el mirlador en esa pequeña cavidad que ella misma había acondicionado con tanto cariño, para que su espíritu se fuera en paz reposando su cuerpo lo más cómodamente posible por siempre.

Atenery se levantó, no podía soportar esa visión en su corazón, y comenzó a deambular noctámbula en esa noche tan insufrible como su ánimo entre océanos de lágrimas sin consuelo. En su interior tan solo tenía un pensamiento: acabar con su vida. Terminar con ese sufrimiento, el peor dolor que jamás hubiese podido imaginar. Repentinamente, una cordura dentro de lo irracional le vino a la cabeza, un lugar conocido en el que todo terminaría rápido: allí cerraría la forma sagrada de una espiral, en un simple círculo. «Sí», con ese acto cerraría el círculo de vida anterior, una vida maravillosa y feliz, terminando con su miserable vida. Comenzó a acelerar el paso, atropellándose en la oscuridad, hiriendo sus pies al tropezar con las piedras secas de malpaís en su camino; con los espinos, aulagas y arbustos atravesados, que le dificultaban el llegar lo antes posible a ese lugar en aquella su decisión. Sin embargo, no sentía dolor, sus pies le hacían caerse, pero volvía a levantarse: era firme en su decisión. Quedaba poca distancia, estaba determinada a hacerlo y por fin llegó al borde del siniestro agujero: la Boca del Diablo. Conocida aquel hermoso día ya tan lejano en su alma como en su recuerdo. Tan imponente, tan oscuro y silencioso, como la cerrazón que sufría.

En ese momento la embriagó el recuerdo de Amuley, quien la llevó por primera vez a aquel lugar. Pero también resonó en su memoria el terrible escalofrió que sintió inexplicablemente ese mismo día, que la hizo quedar sin aliento por instantes, en la sensación de un sombrío augurio. «Qué sentido del humor tienes, destino», se dijo sonriendo enloquecida de sufrimiento. El recuerdo de ese día y el recuerdo de Amuley, la empujaban a convencerse aún más de lo que iba a hacer: podía escuchar los enigmáticos chillidos de las corrientes de aire emergiendo desde las profundidades del enorme tubo volcánico donde se perdía en la Madre Tierra. Sabía que su caída sería mortal y por eso, con la mirada perdida en el infinito estrellado, se iba acercando despacio, muy despacio, al borde del agujero, en aquella costa a la luz de luna, irradiando sus reflejos sobre ese mar, como marcando un camino a seguir hasta la Gran Isla que no se vislumbraba sobre mar azul. Sentía el latido de su corazón en las sienes y su respiración se tornaba profunda e intensa. Extendió sus brazos en cruz hacia ella, la luna, y allí, cara a cara, mirándola con odio y resentimiento, le lloraba mucho. Cómo anhelaba los cariños de su Amuley en ese momento: «Cómo echo de menos tu presencia, mi hombre», se dijo. Ya no lo volvería a ver, lo habían arrancado de su lado. Atenery continuó llorando.

De pronto, algo inesperado ocurrió sacándola de una ensoñación de voluntaria muerte, dando paso a otra si cabía más delirante: sobre aquella fría luna a la que miraba con odio, se apareció el rostro de su amado Amuley. «¿Eres tú?» necesitó preguntar. Su imagen no la dejó más absorta que reconfortaba ante ese rostro varonil que echaba de menos y del que anhelaba su presencia, firmeza y protección. Llevada por el ímpetu de ese dolor intentó abrazarlo, pero no estaba allí. Perdió el equilibrio y resbaló, cayendo desplomada con aquel enorme agujero a sus pies.

Tan solo pensar en sus recientes miserias —Amuley, sus padres, su tío—, insufló las suficientes fuerzas de nuevo para levantarse y terminar con ella. E, intentando mantenerse en pie en el filo de esa arista, notó una fuerte punzada en el vientre y algo caliente comenzó a humedecer su entrepierna. No adivinaba su color, pero al probar su peculiar gusto la delató: era su sangre. Atenery se llevó las manos al vientre con fuerza, de nuevo esas punzadas le eran insoportables. Cayó de rodillas, gemía y apretaba los dientes ahogada en dolor.

Continuaba en el suelo sin ser consciente del todo. Con sus manos, intentaba aplicarse calor a su dolorido vientre mientras eternizaba la mirada hacia su luna. Amuley estaba ahí aun, al abrir sus ojos continuaba sonriéndola desde arriba. Era él, podía reconocer sus facciones, sus gestos, y sintió cómo esas manos acariciaban sus cabellos sonriéndole con el más puro gesto de amor. ¿Un presagio? de alguna manera sentía que lo era: «¡Tiene que serlo, lo es!», sentenció.

—Despierta, bella Atenery, ¿qué estás haciendo?: —Era su voz, la que oyó sin escuchar, desde su alma.

Recordó imágenes de Amuley besándola en ese día feliz, cuando estuvieron juntos en ese lugar, mientras con sus ojos cerrados apreció el tacto varonil de sus manos imponiéndolas sobre su vientre, elucidando al instante el increíble descubrimiento que aquel momento fortuitamente le proporcionó: «¡Estoy preñada!», desmarañó ella misma. «¡Así es!» Escuchó de un eco reconocible. Ese Amuley, si ahí estaba con ella, se lo confirmaba con sus palabras.

Con aquella revelación cobraban sentido para ella la fatiga, hinchazón en los senos, los vómitos achacados a los nervios sufridos en las últimas semanas, su falta en el período y ese sangrado inesperado. Atenery estaba embarazada. Llevaba en su vientre al hijo de un guerrero altahay de los mahoh: al hijo de Amuley. Lloró y no paró de llorar de emoción, transmutando su pena en ello. —Diosa Madre de la Naturaleza: ¡no lo permitas!, dame fuerza para no perder esta criatura.

Percibió un escalofrío potente por todo su cuerpo tendido e incómodo en el suelo. Una energía transitando a través de su interior venidas de esas manos que le acariciaban con suavidad con las yemas sus dedos. Amanecía fresco el día, sin embargo, ella, debiendo apreciarlo, no lo sentía: no sentía nada, residía como ausente, marchita. Los susurros de Buypano la tranquilizaron, notaba su calor, su tenue fragancia a flores mágicas, el calor de otro ser humano, un ser humano muy especial que con sus manos y su voz la estaba aportando lo necesario en ese instante.

El hechicero susurraba canturreando una suave endecha para tranquilizarla, y manejando su complexión fuerte pese a la edad, la tomó pausadamente en brazos como si de una niña se tratase y la cubrió de pieles llevándola hasta la cueva donde moraba. Atenery, sumida en un letargo fatigoso, continuó dormitando debilitada por los efectos de una angustia pasada y la sangre perdida, emitiendo suspiros profundos, sin llegar a articular palabra.

Sin ser consciente de cuánto tiempo reposó en su letargo y aún debilitada, apreciaba el poso que el descanso había dejado en ella. Residía relajada, cuidada. Con el deseo culpable de volver a sentir una pueril felicidad como la de antaño. Así y todo, no podía permitírselo por los veloces pensamientos que se lo frenaban: oscuros, sucios, punzantes, ahogándola por momentos. Ya no disponía de lágrimas para derramar. Arropada en un rincón de aquella cálida cueva iluminada con las flameantes llamas de una pequeña hoguera, pretendió fluir en esos instantes dejándose llevar descansando, acunada con los cantos de Buypano que ahí, cerca de ella, profesaba en sus ritos.

La sombra del hechicero se reflejaba en las ásperas paredes de roca seca de malpaís. Su silueta oscura contoneándose pareciendo un espíritu lo acompañaba, imitando sus movimientos. Estaba en la cueva del hechicero, cercana a su poblado, donde se adoraba a los dioses. Austera, en fosca neblina de teas incandescentes y repleta de amuletos e ídolos, tallados por él mismo en madera y huesos de animales. El olor a humo, flores secas y yerbas aromáticas, envolvían ese ambiente con densidad. Y allí pasó varios soles más, callada y cuidada por Buypano, respetando ese silencio.

El hechicero dedicaba el día a la recolección de plantas medicinales, a curar u orar para los necesitados de salud, que, por desgracia, eran bastantes almas las requeridas de consuelo en esos días angustiosos de soledad tras el ataque de los demonios del mar. Cuando Magec se ocultaba por poniente oraba y auguraba en el interior de su cueva frente a ella, sin mediar palabra, con apenas el regalo de una sonrisa entrañable de ambos.

Una tarde Buypano cogió de la mano a Atenery y la condujo hasta el acceso a la cueva, donde se sentaron. Hacía días que ella no salía a la claridad del día y le costaba fijar la mirada. De repente, observó un gran cuervo frente a ellos, de plumas tan negras y resplandecientes como una piedra de azabache. Se movía con cautela dentro de cierto descaro y quedó mirándola frente a frente.

—Tienes a una criatura en tu vientre y te debes a ella. —Atenery bajó la mirada y cabeceó. Buypano se apoyó nuevamente en un cómodo silencio, prestando atención a ese cuervo que permanecía ante ellos erguido en tensa calma, posando la mano en el hombro de Atenery: —Tu padre recibió un entierro digno, pequeña Atenery. Yo mismo ayudé al mirlador a tapiar la cavidad elegida por ti, dedicando invocaciones de gran sentimiento en su honor para su final.

Atenery asintió retribuida, gesto que consumó acariciando su áspera mano. De nuevo: el silencio.

Un mensaje sobre el porqué de lo sucedido a Atenery le llegó en un vaticinio al hechicero: visualizó en sus oraciones el comienzo de una sobrecogedora profecía que se convertiría en leyenda para otros en esas tierras, generación tras generación, de la cual no le fue revelado su final. Sin embargo, quedó absolutamente convencido de que era *ella*, la protagonista en esas visiones teñidas de sangre, voluntades violentadas, tempestades de coraje y ultraje a tradiciones ancestrales, que no paró de tener, desde esa noche que sintió el deber de acudir a la Boca del Diablo, porque *algo* le empujó a ello. Y allí la encontró en la misma tierra tendida y herida de mente y alma. Esa información procedente de sus guías —entes que le hablaban en momentos de profunda meditación—: era tan pura, significativa y real, como nunca su corazón había estimado. Por esa razón recogida para él, consideró «estar presente y consciente», más que compartir la información y con ello sugestionar los destinos de los hombres —en este caso, de ella—, fijados por los dioses. Tan solo le ofrecería pinceladas suaves, compartir ciertas sabidurías sin aconsejar, y así lo estaba haciendo en ese instante:

—Mira bien a ese cuervo y entra en comunión con él.

Creyó entender lo que Buypano pretendía decirle, pero no sabía si lo haría bien, e intentó observar aquella ave con más profundidad, desde su interior y no desde el exterior, con un poco más de cariño: tal vez con ese corazón roto que portaba necesitado de caricias. Utilizar una visión distinta con la que ella acostumbraba a observar normalmente a esos animales ariscos en su carácter. Entonces acarició a ese pájaro con su mirada.

El hechicero continuó en esa profunda voz que lo caracterizaba: —El cuervo es una oscura y noble ave que vive en solitario: para él mismo, sin hacer daño a nadie, no lo apreciamos como debiésemos, no lo comprendemos, no lo entendemos. Lo relacionamos con la muerte y la oscuridad, pero deberíamos admirarlo, porque de sus entrañas mana la más pura vida. A lo largo de la existencia de cada ave, y desde que el supremo Achuguayo creó nuestro mundo, germinan en su interior innumerables semillas que después son diseminadas por remotos lugares, brotando de ellas plantas y frutos a lo largo de nuestra tierra: Erbania. Esa ave crea vida a su paso.

Escuchaba con todo su ser esas palabras, sintiéndose afortunada y reconocida de que el hechicero Buypano compartiese su sabiduría con ella exclusivamente y en ese íntimo retiro.

—Obsérvalo, mira cómo discretamente no pierde de vista nada a su alrededor. Es muy hábil y no se asusta como los otros pájaros y no hay otro motivo que su gran inteligencia, además de una gran valentía y dureza. Es capaz de adaptarse a cualquier lugar y sobrevivir comiendo de diferentes formas: si hay semillas, come semillas; si hay plantas, come plantas; y, si no, pequeños animales; incluso se alimenta de carne podrida, algo que a nosotros nos enfermaría. —Buypano, apartó su vista del cuervo para dirigirla a Atenery, que absorta en aquella mirada penetrante trató de esquivarla torpemente—. ¿Crees que ese animal no pasa dificultades? —preguntó el hechicero—. ¿Crees que no habrá visto morir a su pareja o a varias de sus crías, ya sea por el frío o por algún otro animal?, o peor aún, ¿por no haber tenido comida suficiente para alimentarlos?

Ella comenzaba a entender aquel mensaje oculto que trataba de transmitirle mediante ese acto, y asintió para reafirmarse en las palabras del hechicero: lo estaba entendiendo.

—Todos los seres pasan por dificultades, es el cómo pasas por ellas lo que te hace especial, mi dulce Atenery. No debes de permitir que lo que crees que has perdido te impida disfrutar de lo que queda por llegar, o del ahora. Abraza todo lo que los dioses nos traen, pues nada de lo que nos sucede es por casualidad. —Otro silencio le sirvió como cómoda reserva en expresiones y permitió asimilar por sí misma a Atenery, la semilla de aquel mensaje—: Una guerrera nunca se rinde si en ella se aloja un corazón que rinde. Rendir o rendirse: misma palabra, diferente elección. No hay lugar para la derrota en su existencia. No pienses tanto y siente más, aceptando de todo corazón, todo tal y como viene de los dioses.

»Posiblemente sea el trabajo más duro que ellos nos imponen, sin embargo es el único trabajo que debemos tener con nosotros mismos, para los demás y para con *ellos*, el único; el que te llevará a un estado de paz en tu espíritu tal que marea calmada, pequeña Atenery. Perdona, perdonarte... agradecer... —revelaba con un movimiento hacia su pecho de su palma extendida—, perdonar... agradecer... —esta vez alargando el movimiento, golpeando en cada voz y extendiendo su mano hacia fuera con gesto mágico, propio de él. «Hermoso», pensó ella—. Pueden ser actos que, a día de hoy, sean complicados para demandarte, sumida como estás en tu tormento, pero debes hacerlo —dijo esto último palpándose el lugar que ocupaba su corazón con un movimiento circular y lento—. Uno puede vivir sabiéndolo o sin saber, o peor aún, sobrevivir a una vida entera sabiéndolo, pero sin haberlo querido ver.

Atenery entendía esas palabras, no obstante, le era difícil imaginar el ponerlas en práctica. Guardaba un fuerte y comprensible resentimiento que no pudo acallar en ese instante, contestando con rabia y cierta hostilidad:

—Ya, pero a mí los dioses me han traído demasiadas cosas, ¿por qué? —Lo retó sin perder el respeto.

—No mires el porqué, pequeña Atenery, si no el para qué, ¿para qué propósito?, ¿cuál es el designio por el que los dioses te están haciendo pasar por esto? Si estás dispuesta a verlo, si tienes esa paciencia, si mantienes fe en ello, lo verás.

»Si te ciegas con el sufrimiento y el resentimiento de querer que las cosas salgan como tú quieres, tal y como hace la mayoría de los que nos rodean, siempre sufrirás. Recuerda que la misma agua que al cocer ablanda un hongo de turmera florecida, endurece el huevo de un ave. —Otra pausa de Buypano dejaba cierta incomodidad en Atenery. No sentía justo ese discurso en su estado, necesitaba quizá más que una reflexión. No quería estar preparada para escuchar esos mensajes, anhelaba más compasión: atención, la que llevaba tiempo sin tener. Sin embargo, conscientemente e intentando ser duro, que no cruel, Buypano sembraba esas semillas en su conciencia para repoblar nuevos brotes de esperanza que, tarde o temprano, brotarían verdes y saludables—: Sufrirás toda tu vida, pequeña, por todo lo que te pase y enfermarás aquí —señaló en esa ocasión el pecho de ella—, como en este momento lo estás; y terminarás después por enfermar tu cuerpo y puede que te lleves a ti misma a la extinción, ¿quién sabe?

Buypano se incorporó, dejándola sola para meditar sus palabras con tranquilidad: ya era suficiente. Atenery, confusa en ese escenario, tendría que volver a hacer memoria y repetirse esa conversación, frase por frase, para comprender y asimilar mejor esas enseñanzas confiadas con amor y sabiduría por parte del gran hechicero, rechazadas en un inicio, mas a tener en cuenta con inteligente amargura. Lo escuchado le resultaba tan novedoso que aún no era capaz de alcanzarlo.

Buypano apareció en la cueva con la cadencia pausada que lo caracterizaba. Había pasado la tarde fuera. Depositó como si de una ofrenda se tratase, a los pies de Atenery, una fina piel con bayas de espino, higos y brotes frescos de barrilla cristalina, quedando los dos sentados al calor de las brasas del tenique que ella mantuvo encendidas en su ausencia con aulagas secas que tenía a mano. Y escuchó algo a lo que no quería enfrentarse, a pesar de ello ineludible, tarde o temprano:

—Ha llegado la hora de volver a la aldea —aconsejó el hechicero con decisión.

—Pero…—negó elevando el ceño entristecida antes de continuar—, no quiero volver a estar cerca del cerdo ese.

—Tranquila, yo te acompañaré. Tu tío Tenaro recibió una visita por mi parte: reuní a la familia y les conté, para su vergüenza, lo que hizo contigo—. Atenery, inspiró profundo agudizando los sentidos, con el ansia de saber más sobre esa cuestión que con más motivos la atormentaba.

»Propuse que eligiesen ellos el castigo a recibir para presentarlo al Consejo de Ancianos, recordándoles que en nuestra ley de los mahoh, si un macho violenta a otra mujer estando enlazado con hembra, el castigo lo recibe la esposa, no el esposo. Tu tía lo sabía y entró en cólera, lo abofeteó hasta fatigarse sin que Tenaro moviese los pies del sitio, algo que no impedí. Sus hijas lloraron y ese hijo se tiraba de los pelos desesperado, espantado por represalias futuras por aquel acto cometido por su padre. Te confío esto porque creo que tu cabeza necesita saberlo para descansar, de otra manera no merecería la pena refrescar miserias.

Atenery sintió un torrente de energía que, en parte, borraba su humillación. Se imaginaba la escena con gran satisfacción: legítima venganza sin haber participado en consumarla. «Su tía abofeteó a Tenaro porque ella recibiría el castigo por él», no por sentir lástima de su sobrina, «malnacida».

El hechicero continuó relatando con prudencia todo lo que venía sucediendo días atrás producto de sus gestiones, desconociendo Atenery las consecuencias de la agresión sufrida y su desenlace: su tía no propuso ningún castigo, pues pensaba que, al no haber «montado» a su sobrina, no era para tanto escándalo. «Esa seguro miente», alegó de su sobrina, que se habría inventado esa treta para vengarse de ellos, que era una malcriada desagradecida y que además se habría quedado loca tras el ataque de los demonios del mar. Se adelantó con aquella historia, que ya estaba relatando a las mujeres de la aldea confiando en un castigo leve. Sin embargo, no fue así: Buypano se reunió con el Consejo de Ancianos en el círculo del tagoror, llegando en breve tertulia a la conclusión de ser un hecho demasiado grave por su significado moral y espiritual a su vez en una época verdaderamente nefasta para cometerlo. «Aprovecharse de la desdicha de una joven que lo había perdido todo, era un acto cruel a penar»: sentenciaron.

Atenery se mordía los pellejos de los dedos escuchando a Buypano.

—¿Y cuál fue el castigo? —preguntó con impaciencia.

—Que las ansias de venganza no te cieguen, pequeña Atenery. —El hechicero pareció detectar su sentir—, como castigo tu tía recibió veinte varazos públicamente delante de Tenaro.

Atenery intentaba disimular su satisfacción al escucharlo. Estaba sorprendida por ese castigo. No se lo esperaba.

—Después de tu tía fue el turno de tus primas, a las que castigaron recibiendo diez varazos cada una.

Ella tampoco se esperaba lo de sus primas quedando boquiabierta, incluso un poco culpable; y su sensación inicial de satisfacción se esfumó cuando se puso en el pellejo de ellas por un momento.

—A tu tío Tenaro, además de recibir la vergüenza de la familia y poblado se le ha desterrado y se le ha penado con levantar un habitáculo digno para ti… para ti sola, acoplado a la vivienda familiar antes de irse.

»Aquello ya está terminado, lo ejecutó con prisa para no alargar la vergüenza. Mañana por la mañana te acompañaré y recibirás el perdón de la familia delante de todos. Así deberá ser o terminarán desterrados los demás. Aquí puedes venir a orar o a conversar conmigo cuando quieras, pequeña, tal y como hace la gente de la aldea. Siempre estaré aquí para ti. Mi labor está con todos vosotros, ya lo sabes.

Quedó callada pero satisfecha. Entera, por fin: sobria. En ese momento se sentía más preparada para su vuelta, un cambio en su parecer tras esas informaciones que no imaginaba que podría suceder tan rápido, en instantes tan solo. «El infinito poder de la palabra en las emociones», reparó. Las condiciones eran muy diferentes a las esperadas para su vuelta. Había tenido ganas de matar a su tío, sí, pero ese día se reconfortaba pensando que no menos de las que tendrían su esposa e hijos en hacerlo. «Diosa Chaxiraxi, perdona mis ofensas en esa noche oscura y desesperada, ten piedad de esas dos inocentes chiquillas golpeadas y humilladas de por vida en la comunidad, por la mala suerte de tener como padre a semejante engendro malnacido»: oró en silencio, volviendo de esa manera a comunicarse con sus dioses, algo que llevaba días sin hacer desde aquella noche que se reveló contra ellos.

Buypano tomó con sus curtidas manos las de ella.

—Recuerda… debemos ser como ese cuervo: una noble e inteligente ave que vive para sí misma. Debemos de amarnos como nadie, abrazarnos a nosotros mismos fuertemente porque, créeme pequeña: somos lo más importante que nos ha pasado y que nos pasará en esta vida.

»Naces solo y mueres solo. Cuando llegues a comprender esto, te sentirás en calma y los demás aprenderán y disfrutarán de esa paz que tienes. Nadie necesita el buen trato de nadie, se agradece… pero el mejor de los tratos es el que uno se da a sí mismo, créeme. Cuando uno está en ese estado, es cuando podrá dedicarse a los demás por entero, no antes—. Concluyó el sabio hechicero Buypano.

VI
Normandía

Reino de Francia, en las mismas fechas.

Al cuerpo de fray Le Verrier le estaba pasando factura la media cristiandad atravesada a sus espaldas desde que inició su vuelta desde Génova semanas después del desastre de El Mehadieh. Llevaba el mismo hábito con el que partió de aquella ciudad de la costa mediterránea. Bajo la roída lana ceniza calada por la perenne lluvia que lo había acompañado en ese largo camino, su pellejo andaba curtido en una pátina urticante y lacerada de roña madorosa, semejante a la de los inicios de una sarna. Una prenda prestada por hermanos de otra orden, pues su hábito quedó en el ya lejano y profundo mar, al desprenderse de él para intentar no morir ahogado en aquel fatídico amanecer sarraceno. Imágenes que visitaban su mente en, más que deseadas, inesperadas ocasiones. Comenzaba a asumir que esa estremecedora vivencia sufrida había mermado su voluntad, apocándolo casi del todo.

Con veinte años de edad decidió marchar voluntariamente a dicha expedición, con el anhelo de experimentar esa ardiente aventura, que apropiada llegaba ante él brindándole la oportunidad para desarrollar un espíritu puro, apasionado y sin saber gobernar por su juventud, como era el que sentía y del que disponía en aquellos días. Tenía además otras razones con las que se convenció en un principio: poder servir de referencia y apoyo cristiano a los que acompañaba, y a su vez enorgullecer a su señor de Betancourt, que presumiría de acudir a la llamada de la guerra junto a un fraile de su parroquia, una distinción frente a otros caballeros que reflejaba la sólida lealtad de sus siervos. Pero dichas razones yacían ya muy lejanas, cautivas en ese día por oscuras sensaciones. El espíritu apasionado que lo llevó a esa singladura se esfumó el día que su razón se topó con la crueldad misma de la vida, en aquella prisión de Berbería en la que se vio sorprendido por los miserables horrores de la guerra. De nuevo, en ese instante y como si de una ilusión se tratase, le vino al pensamiento la espantosa imagen en la que cortaba la mano de ese desconocido de origen genovés. Todo le parecía un mal sueño: «Ojalá lo hubiese sido, Dios mío...» se castigaba angustiado. Aquella imagen emergía de sus pensamientos inconscientemente a todas horas, despertándolo sofocado en forma de terribles pesadillas, sin dejarlo descansar en todas las noches que se fueron sucediendo.

Curiosamente, nada de lo que vio en el asedio de El Mehadieh, ni en los días posteriores en los nauseabundos hospitales donde prestó servicios voluntariamente, tenía la importancia suficiente en su razón como aquella imagen en la que cercenaba parte del brazo a ese desconocido. Ni siquiera los niños mutilados y otras atrocidades de las que fue testigo, como llegó a compartir en sus íntimas confesiones diarias con otros hermanos de fe en su estancia en Génova. Esos discernimientos le afligían frustrándolo, no era capaz de vislumbrar el por qué, no encontraba una lógica elucidación espiritual en ninguno de ellos. Cuestiones para él más filosóficas que místicas, un campo para el que no tenía conocimientos sólidos en los que descansar ante esas incertidumbres que le hacían doler el pecho al hacer aparición.

Se formó en una escuela escolástica monacal, e incluso cierto tiempo en una catedralicia a la que lo enviaron, donde estudió a los filósofos grecolatinos clásicos; pero no había disfrutado de la experiencia de haber tenido un buen maestro como referente para cuestionar sobre la vida en sí misma, sobre lo humano, sobre el complicado arte de vivir. Se preguntaba novedosas ideas para él en esos días: los extraños mecanismos del hombre, la complicada tarea de existir en el presente con pesadas cargas del pasado, su fe… Por qué, situaciones que deberían de ser importantes por su atrocidad a los ojos de Dios, no le ocupaban apenas lugar en su razón, y otras, en cambio, con menor peso moral, lo dejaban con el alma colgada de un hilo. «¿Lo que sucede dentro de mí también es designio vuestro, Señor?, ¿por qué permitís tales derramamientos de sangre, derroche de muerte… semejantes brutalidades?». Asuntos que recriminaba, más que cuestionar con rabia, mirando hacia las estrellas en sus noches en vela. Cuestiones sin respuesta que martirizaban e infectaban su fe, desde aquel día de sangre y fuego en las costas de África.

Durante la larga marcha camino de su parroquia, en la aldea normanda de Grainville-la-Teinturière, vagaba con rumbo fijo por aquellos caminos polvorientos de los reinos de la cristiandad, que se tornaban en intransitables barrizales con el paso de la lluvia. Le Verrier meditaba y oraba abstraído sobre todo ello, buscaba desesperado respuestas a todas esas preguntas, con la esperanza de reencontrarse cuanto antes con la reconfortante seguridad y permanencia que le aportaba su inocencia perdida, única salvadora de la dura realidad que lo sitiaba. Ansiaba su vida anterior, sin embargo, en su fuero interno era consciente de que, definitivamente ya era huérfano de ella desde aquella masacre que presenció.

Su única compañía era la de esa incómoda lluvia, que al menos no mataba, y un mulo viejo adquirido de manos de un paisano con la ayuda de los monjes blancos para volver a tierras normandas. Monjes del Císter, con quienes había compartido esas últimas semanas cuidando de heridos y orando en liturgias por soldados fallecidos y moribundos. Viajaba unas veces a pie y otras a lomos de aquel animal, cruzándose en caminos, albergues y postas —lugares no menos peligrosos para su integridad, que la propia Berbería—, con peregrinos a la tumba de Santiago Apóstol, caballeros en busca de fortuna, meretrices, maleantes, juglares, buhoneros… en definitiva: personas de toda condición de las que nunca sufrió su existencia en tiempos pasados, no obstante, eso a él ya no le ocasionaba el temor y la desconfianza que en otra época podrían haberle causado.

En ese retorno volvía diferente, cargado de íntimas contradicciones a las cuales no era capaz de poner solución, como albergar una gran vulnerabilidad en su corazón herido, pero si cabía más curtido: así lo sentía cuando sorpresivos suspiros le reflejaban lo vulnerable y frío como así se apreciaba. Esa inconsciente y natural sanación que vivía, «semejante a un hueso cuando se cura por rotura», profesaba en él una extraña dureza que iba en aumento, sin perder por ello la sensibilidad por sus semejantes. Más cercano a todo, pero con marcada distancia en la pasión, ya no le sorprendía el mundo que lo rodeaba. En cada despertar tras un nuevo amanecer sentía que, dentro de esa fragilidad inicial que sufría, el compás del día a día intentaba marcar una armonía en esa dureza que la vida le traía. Al menos, dentro de esa vulnerabilidad, se sentía como más seguro, más él, más curtido, profesaba.

Le Verrier ya contaba con que el viaje sería largo, de unas doscientas leguas francesas, calculó. Largo y peligroso, y más si iba solo, pero prefirió quedarse a cuidar de los heridos que, desorientados, llegaban embarcados hasta Génova desde El Mehadieh, y no marchar con la columna de su señor de Betancourt de vuelta a tierras normandas. Además de verse obligado por su tan generoso deber cristiano, en su fuero interno se veía empujado a reencontrarse con ese joven al que dejó manco en aquel amanecer sarraceno. Albergaba cuan mezcla de desagradables sensaciones que pensaba que cesarían en parte, al saber que, al menos, ese joven, continuaba vivo, que infligirle dicho sufrimiento habría merecido la pena al haber salvado su vida con ello. Por contra, entendió que pudo no suceder así. Por mucho que lo buscó con obsesión entre los heridos, no lo llegó a encontrar, hospedándose pronto en él la duda del pecado en su acción; ya que, presto de gran sensatez, en aquellas nefastas condiciones en las que dejó al italiano tan desnutrido y desangrándose, le hubiese resultado imposible sobrevivir. Su cadáver habría quedado al fondo del Mare Nostrum, tullido y desvanecido, conjeturaba con alto grado de culpabilidad. En otro sentido, intentaba consolarse con su probable muerte, pues realmente la vida terrenal llena de constantes sufrimientos no era más que un tránsito hacia la vida eterna junto al Altísimo. «¿Sería aquella la razón por la que ese prisionero cristiano fue iluminado con la primera luz del alba? ¿Qué significaría tal rayo divino y cegador que iluminó su pecho? ¿Su inminente muerte, quizá… Señor?»: cuestionaba tal vez para consolar la suya propia.

Entre la frondosidad del solemne bosque de hayas y fresnos susurrantes al ser mecido por el viento, que abrazaban el camino por el que discurría durante esa mañana, podía estimar parajes que ya le eran familiares. Al poco alcanzó la cima de un repecho, deteniéndose allí unos instantes reconfortantes cogiendo su aliento. Un profundo y característico olor a tierra húmeda le indicó que ya estaba allí, había llegado a su destino: «Al fin». Admiró emocionado el paisaje que se apreciaba ante él: aquel apacible y vivo valle en el horizonte henchido de verdes praderas de alfalfa y trigales. «El señor es mi pastor y nada me falta, por verdes praderas me haréis caminar y junto a aguas mansas me haréis descansar…», recitó ese párrafo de uno de sus salmos predilectos.

Ahí estaba ante él su pequeña villa, su añorada Grainville. En ese momento su ánimo cambió, cesando tormentosas reflexiones, y respiró de nuevo sobreexcitado, hasta el punto de humedecer sus ojos al distinguir a lo lejos la torre del campanario de la iglesia de la que él era subordinado, sobresaliendo al entorno del pequeño grupo de casas que componían el centro de la villa, a poca distancia del castillo de su señor de Betancourt. Sus murallas andaban prácticamente acabadas, como apreció, tras ordenarse su destrucción por decisión del rey de antaño, como escarmiento a su padre. Murallas que siempre vio el joven en eterna reconstrucción.

Sinuoso, el curso del humilde río Durdent se intuía por la vegetación que crecía en sus márgenes delatando su presencia, serpenteando los campos diseminados de decenas de techumbres de brezo humeantes: humildes hogares campesinos en piedra y adobe, en los que convivían con el ganado para darse calor en las noches frías.

La mañana lucía gris y fresca, como era lo normal en esa época del año en esas latitudes. El joven fraile, que iba percibiendo esa lenta permutación del clima a su alrededor, tal como la suya en su interior, en esa su travesía desde la costa mediterránea a la atlántica, no supo cuánto añoraba el efecto que brotaba de esa sensación en su particular emoción, hasta que en esa mañana y detenido frente a su villa, sintió el húmedo sereno de la amanecida que venía del forraje en los pies, en su abstraído caminar de mirada perdida, sobre lo que era el único resquicio al que agarrarse en la necesidad de descansar su alma: su iglesia, su cueva de retiro, su refugio personal.

Su marcha a África lo llevó a atesorar esos detalles como nunca, el merecerse una honrada y honesta añoranza por derecho. Sentía el natural frío interno de ausencia de sólidos en el estómago, algo que le surgía desde el mismo tuétano hasta ese momento. Sin embargo, el extraño calor de lo íntimo, de estar al abrigo de la protección del llegar a casa, que le emergió de sus tripas, lo nutría embriagándolo como el más dulce de los manjares. Había llegado, «¡por fin!», había llegado a su hogar.

La ausencia de viento provocaba que las tenues fumarolas provenientes de las casas se confundiesen con la neblina del rocío que emanaba de las fértiles tierras que las rodeaban, como un mar en calma de un verde insondable. Ligeramente, podía percibir a medida que iba avanzando el delicioso aroma a pan recién horneado que pudiese venir de alguna de las casas cercanas. Casi levitando de dicha, se le hacía la boca agua salivando entretanto cerraba los ojos, imaginándose a sí mismo con ese pan calentando sus manos y sus tripas, tras un buen bocado.

Aunque Le Verrier, era natural de la no muy lejana región de Bray, esa villa, en la que acabó por diversos avatares de la vida tras su formación, la sentía como su hogar. Su cometido había terminado siendo el de ayudante del clérigo en todas las labores que se hacían en la parroquia, salvo dar misa y atender al señor; más bien, hacer todo el trabajo excepto aquello último. A pesar de ello, no le pesaba, lo hacía con devoción, recordaba. No obstante, la tarea de la que verdaderamente disfrutaba era la de limosnero. El joven fraile estaba encargado de la recepción de las limosnas y de su reparto entre los necesitados. Esa parte de su labor lo hacía sentir útil a Dios vivificándolo, sintiendo que enriquecía su espíritu.

Deseaba volver a ocuparse de aquella labor, que proporcionaba diversas y bonitas experiencias ayudando a sus feligreses. Creía fervientemente y admiraba con todo su ser a Jesús de Nazaret. En cierto modo, quería verse reflejado en él en todas sus acciones, exigiéndose a sí mismo en muchas ocasiones más de lo que podía dar. «Dar sin esperar nada a cambio». Sin ser una labor tediosa, trabajaba siempre sin descanso. Considerado como ejemplo de buen religioso, era más apreciado por los feligreses que el propio clérigo, según le confesaban.

Voces lejanas que rompían su silencio, lo llevaron al momento:

—¡Joven Padre…seáis bienvenido! —vociferaba un aldeano al que reconoció, devolviéndole el saludo lentamente, sorprendido, acompañado de una amplia sonrisa de gratitud.

—¡Padre…! —clamaban otros a lo lejos al reparar en él, mientras alzaban a lo alto azadas y horcas de trilla para saludarlo; rostros familiares de campesinos que, desperdigados, trabajaban en los campos aledaños al camino.

Se le formó un nudo en la garganta por aquella sensación de agitación inocente e infantil al ser reconocido. Uno de los hijos de Pierre el Bizco, —que afortunadamente no salió al padre en su apodo—, y al que reconoció más alto y fuerte, salió corriendo entusiasmado hacia el centro de la villa tras arrojar su apero al sembrado, más afanado en ser el primero en dar la buena nueva que en saludarlo, como pudo comprobar. Corría con gran alegría por la emoción de volver a ver al joven fraile, al que tenía como referente ya que, en su labor como limosnero, Le Verrier ayudó a su familia en alguna ocasión; y ese favor les había permitido hacerse con lo necesario para paliar penurias e ir tirando hasta la siguiente cosecha. Todos le tenían cariño y volvía, a simple vista, sano y salvo.

Eran tiempos duros en los que no sobraba compasión, sobre todo si, al llegar el otoño, a los labradores les cogía con una mala cosecha. En esa estación todos tenían que rendir cuentas a su señor entre los días de San Mateo y San Miguel, y este no entendía de buenas o malas cosechas. Muchas familias quedaban con pocos recursos, teniendo que ser ayudados por la santa madre Iglesia. Con aquello Le Verrier no comulgaba, pero se guardaba de hacer comentarios sobre esos pensamientos, juicios con sentencia en nombre de pecado, por miedo a perder el favor de su señor, como ya se lo había advertido el viejo clérigo en más de una ocasión que podría sucederle.

El señorío de Betancourt constaba de las villas de Saint-Martín-le-Gaillard, Franville, el litoral de Saint-Aubin-sur-Mer, el patronato de la iglesia de Bosc-Asselin y la villa de Grainville-la-Teinturière. En esa última y querida —que Le Verrier mejor conocía—, figuraban cuarenta acres de tierras cultivables, doscientos acres de bosque, tres de pastos, un molino arrendado con la obligación de moler en él, y cuarenta y tres hogares de campesinos que le tributaban anualmente por el vasallaje de recibir la protección de su señor. Tan solo un pequeño núcleo de casas eran las que se amontonaba cercanas a la iglesia y al castillo, configurando de esa manera un humilde núcleo urbano. El resto estaban diseminadas entre tierras de labranza y campos de manzanos, perales y otros árboles frutales. Todos esos productos recaudados le reportaban al señor más de una centena de libras al año, derramando en ello poco sudor por su frente.

Le Verrier, desaliñado por el viaje, mantenía al menos el corte a tazón con la tonsura calva en la coronilla —señal propia de hombre de Dios—, que inconscientemente se palpaba en ese soplo de acicalamiento, terminando el recorrido con la palma de la mano en la incipiente barba con vello de días sin aseo en condiciones. Se acercaba a la iglesia montado ya a lomos del enclenque mulo, asistiendo ruborizado a las consecuencias de la extenuante carrera que había emprendido el hijo de Pierre el Bizco, gritando a los cuatro vientos esa buena nueva: la llegada del joven fraile.

Soldados y tenderos lo saludaban con gusto y respeto.

«*Hosanna*», escuchaba con cierta guasa de algunos, como en las alabanzas hechas en reconocimiento a Jesús en su gloriosa entrada a Jerusalén, a lomos de un pollino.

—¡*Hosanna*! ¡Bendito el que viene en el nombre del Señor! ¡Bienvenido sea, Padre!... ¿traéis todo en su sitio? ¡Pues parece que vengáis de una pieza! —Escuchaba tomándoselo con el humor que le caracterizaba mientras los demás carcajeaban compartiendo la alegría en su llegada, incluido Le Verrier, con expresión indulgentemente cristiana en su rostro.

Se iba acercando despacio a su destino visiblemente emocionado, por entre la humilde y embarrada plaza que lo precedía como acceso natural, al sobrio y discreto pórtico terminado en singular arco de medio punto que disfrutaba la entrada de su añorada iglesia. En su jadeante carrera, aquel muchacho también había tenido tiempo de avisar al padre Remy, el párroco de la villa, que anciano y eternamente malhumorado lo esperaba bajo ese pórtico, de brazos caídos con la perpetua mueca inexpresiva que recordaba en él. En ese momento, sin embargo, parecía voluntariamente forzado a una expresión alegre y ajustada, al observar a su adjunto llegar de una pieza de aquella misión divina, ayudándose en ello levantando ligeramente las cejas mientras caminaba hacia él. «Un logro para su expresividad a tenerle en cuenta», se apuntaba, mientras desmontaba dolorido escurriéndose del lomo del animal con cierta dificultad. Con sus piernas dormidas de ir a pelo y *a la mujeriega* montando en ese mulo: intentó guardar el equilibrio al tomar tierra, pero en ese santiamén tropezó consigo mismo al seguir sus piernas su propio ritmo, cayéndose sobre el párroco al que se aferró en un involuntario y enérgico abrazo sin poder evitarlo. El viejo padre Remy, que no tenía previsto de ninguna de las maneras que su joven fraile lo recibiese con tal gesto de cariño y efusividad desmedida —pues el agriado párroco no daba pie, ni era amante de gestos de esa índole—, o tal vez por la edad y el tiempo transcurrido estando solo, agradeció aquello con un tímido abrazo por su parte que aderezó con lánguidas palmaditas en su espalda. El hijo de Pierre el Bizco, que agarraba la correa del mulo observando la escena, comenzó a reír a carcajadas, pues ese desatinado traspiés de fray Le Verrier, que a todas luces parecía desembocar en un accidente, dio a buen fin provocando una situación tan embarazosa para los dos religiosos que terminó por ruborizarlos: de tropiezo a inevitable estrujón. Los frailes, alertados por las risas del chico al verlos abrazados, se miraron con cierta confusión separándose con desapego a la vez, en un gesto que bien parecía ensayado. El viejo padre Remy y el joven Le Verrier, recobraron el decoro ante las gentes de la villa, poniendo fin a esa situación con fingida dignidad.

—¡Anda, muchacho, entra…! —requirió dando por sentado el saludo, forzando su voz innecesariamente pues, además de medio ciego, también estaba medio sordo—. ¡Estarás fatigado, habrá sido un largo viaje! —gritó.

Aunque Le Verrier tenía intención de ir a presentar sus respetos a su señor de Betancourt —lo propio de un fiel siervo a más no tardar—, no obstante, en aquel ofrecimiento, el viejo padre Remy tenía cierta razón: había sido un duro viaje y al joven fraile le pareció conveniente, pues el ánimo le pedía una tregua. Estaba cansado: la euforia inicial al saber que llegaba a su hogar se tornó en todo lo contrario.

El viejo removía un guiso que tenía al fuego calentándose, mientras él colocaba sus pocas pertenencias sirviéndose un vaso de vino aguado junto a la chimenea, tomándolo del mismo jarrillo de siempre, del mismo lugar de siempre, tal cual lo dejó antes de marchar. Le Verrier se acercó a la lumbre disfrutando de tan placentero instante, reposándose junto al fuego para calentar sus pies tumefactos y empapados. Disfrutaba de ese silencio confiado que parecía depositar todo lo vivido en torcidos renglones del libro del olvido. En ese impás, pudo llegar a recordar de nuevo cómo se sentía allí antes de pasar por su experiencia en África. La actitud del padre Remy hacia él lo facilitaba inconscientemente al no denotar inquietud ni interés, como si nada, como si ni siquiera el tiempo hubiese pasado para él allí: solo en aquella humilde parroquia. Este le ofreció un tazón de ese guiso humeantemente apetecible que aceptó de buen grado con avidez, sonriente en agradecimiento y con la presencia de aquel silencio como tercer hombre en la estancia.

—Huele a Gloria Bendita, padre —halagó con esa frase cierta e incuestionable para él, que por ausencia de respuesta intuyó que no llegó a entrar en los oídos marchitos del viejo.

Del vaporoso tazón emergían lo que parecían nabos y algún trozo de apetitoso tocino gelatinoso, un regusto que, sin haberlo probado, ya saboreaba tan solo con esa mezcla matizada en aromas a jengibre y romero que desprendía. El padre Remy se le acercó con más viandas y sus gritos esfumaron el ligero hechizo del joven y la presencia del silencio, bendito silencio, provocándole una sonrisa indulgente.

—¡Toma, muchacho!, una buena jarra de sabrosa sidra y ¡pan, pan… toma pan!, ¡que tendrás que llenar ese buche lánguido y flojo con el que has regresado!— se pronunció en esas formas tan especiales hacia él que le caracterizaban y que tanto sacaban de quicio al joven antes de marchar a la expedición africana.

Sabía, a pies juntillas, que ese guiso no lo había preparado el viejo padre Remy. Pese a ello y con cierto cariño, no paró de elogiar las bondades y exquisiteces de sus diferentes ingredientes, para hacerle ver lo agradecido que estaba de comer algo cocinado supuestamente por él. Le Verrier conocía bien la mano para la cocina del Padre, que era la misma que tenía para las personas: ninguna. Pero igualmente quiso tener ese gesto bondadoso con el viejo.

Había entrado en calor rápidamente, viéndose al poco hipnotizado reposando su mirada en el natural velo de vapor que emanaba de los faldones de su hábito desecado por el fuego. El reconfortante resultado de sentirse saciado en su estómago como hacía tiempo, lo envolvía por momentos en una sensación de sosiego irresistible, con la que llegó a obviar increíblemente los gritos de fondo del padre Remy. El joven hacía rato que ya había perdido el hilo de lo que este decía, quedando traspuesto en un descanso plácido y profundo como no recordaba disfrutar.

Unos tañidos de campana lo despertaron: anunciaban el mediodía; aunque tenía la sensación de haber dormido uno entero. Abrió los ojos. Estaba de nuevo en el que era su hogar. Inspiró enérgico y tomó fuerzas para levantarse de la crujiente butaca de roble. Aquel anciano no había cambiado nada en esa construcción anexa a la iglesia en la que vivían los dos, por lo que se podía apreciar, ni tan siquiera movió el escobón en el tiempo en el que él estuvo fuera. La casa, una construcción en piedra apoyada en el muro trasero de la iglesia, consistía en una única estancia diáfana de un tamaño relativamente reducido, que tenía la suerte de mantenerse bajo el sobrante del mismo tejado de pizarra de la misma. Por una pequeña lumbrera entraba la claridad suficiente para estimar lo fría que era a la luz del día. Tan diferente a la noche en la que, al albor de llamaradas y cirios, retiraban lo áspero aportando calidez de hogar a aquella pieza; momentos en los cuales recordaba Le Verrier que disfrutaban de mayor recogimiento y meditación. Tenía dos accesos: una pequeña puerta que daba a la trasera de la calle y otra a la sacristía, que era por donde solían entrar. Y por ambas penetraban agudas corrientes de aire, incluso cerradas, silbando como almas mortificadas los días ventosos.

Los dos frailes dormían en jergones separados, en esa estancia que compartían con una pequeña despensa aromatizada con haces de ramas secas pendiendo boca abajo y una gran chimenea de dos poyetes de piedra a los lados, con una trébede de altura acorde para poder mover cómodamente el contenido del caldero cuando le tocaba hervir. Con un mobiliario austero, disponían de una única estantería con libros y legajos —un tesoro para el joven fraile—, y seguían colgando por entre las paredes como parte de su sencillo ajuar las varias marmitas y ollas de siempre, abolladas y desconchadas en su gruesa costra de hollín como cemento negro. Sobre ese suelo de tierra y paja para la humedad, presidía la mesa de siempre, con los dos taburetes que utilizaban tanto para comer como para escribir y, por supuesto, la butaca donde él estaba reposado mirando todo a su alrededor, sorprendido de que el viejo no la hubiese reclamado aún para él: una excepción magnánima por el día de su llegada. Aquello era todo, tampoco necesitaban más.

Le Verrier se aseó con el agua fresca de la pila que había en la sacristía mientras, de fondo, escuchaba esa campana que continuaba sonando. Se vistió en una camisa apulgarada que guardaba la humedad del paso del tiempo, aparente y disimuladamente limpia, bajo un grueso hábito de lana de manga larga que afortunadamente le caía por debajo de las rodillas. Al apretarse el cinturón de cuero sobre esa prenda, se dio cuenta de lo delgado que se encontraba al fijarlo con cierto problema en un agujero virgen en comparación a lo holgado que estaba el que acostumbraba para su uso, quizá un par de agujeros más, no los quiso contar.

Era un hombre nuevo de esa facha, agradecido de llevar puesto ropajes decentes de los que hacía tiempo que no disponía. La sacristía por la que accedía directamente a la capilla principal de la iglesia, era de un tamaño menor al de la casa, aunque daba la impresión de parecer mayor, al disponer de paredes encaladas en blanco. Ese yeso lo estigmatizaba las veces que pasaba cerca de él ya que se deshacía con la mirada, teniéndolo que renovar todos los años por aquella fastidiosa humedad; y allí, en su villa, había mucha la mayor parte del año. Le Verrier terminaba de acomodarse en esa túnica sacramental que hacía tiempo que no se ponía, mientras accedía a la iglesia a través de esa sacristía, ajustándose los puños y el cuello de la camisola interior, tirando de sus cordones y desconchando con la uña larga de su índice un trozo de esa cal de la pared antes de entrar —capricho, manía o ritual, adquirido en esa parroquia—.

Tal y como se esperaba, la iglesia estaba sucia y sin preparar para la liturgia. Como ya conocía al padre Remy, no le pillaba de sorpresa. Al menos, había encendido algo de incienso que olía con intensidad: «Tus trucos de capellán veterano y desganado… ya me encargaré yo, oh Señor, en los próximos días de adecentar esto para los feligreses», rumiaba.

Dejó a un lado esas divagaciones para centrarse en lo que iba a hacer: tras santiguarse como era debido, se postró de rodillas besando el suelo frente al ábside delante del sagrario y quedó tumbado boca abajo. Moviendo los labios susurrando, invocó varias oraciones que le dedicó a Nuestra Señora de la Asunción, dándole también gracias a Dios por haberle protegido y bien hallado, en el viaje por África y a través de media cristiandad. Le Verrier gustaba de orar en templos antiguos, estaba convencido de que el paso de tantas almas durante siglos hablando a Dios y buscando la serenidad entre sus muros, dejaban una impronta espiritual que las pocas iglesias nuevas no tenían. Él sentía esa fuerza antigua en sus oraciones.

La iglesia de la villa reposaba sobre la inicial construida hacía ya varios siglos. En erección a *Notre Dame de l'Assomption*, era lo suficientemente grande como para dar cobijo a todos los de esa pequeña villa. Construida en firme con caliza de una cantera que no distaba mucho de allí, todavía guardaba recuerdo de aquel suelo terroso embaldosado gracias a la generosidad del señor de Betancourt. Disponía de una nave central diáfana con dos capillas laterales en la cruceta, una dedicada al Sagrado Corazón y otra a la santísima Virgen. A través de sus estrechos ventanucos vidriados, los rayos del sol penetraban abocinados cuando se tenía la suerte de coincidir con él en dichas latitudes. Coronaba aquella su casa, su iglesia, la pequeña torre del campanario erguida sobre la entrada principal, justamente de donde venía el padre Remy malhumorado de terminar de tañer la campana, refunfuñando como siempre en su latín particular.

—Muchacho, uno está viejo, diablos. Mis miserias ya están depositadas en los oídos del barón, mi destino está en sus manos. Y más que confesado, sí... Dios mediante que más que confesado. La vida me pesa demasiado. Estos quehaceres dejaron de complacerme hace tiempo.

Además de párroco de la villa, el padre Remy también era confesor y clérigo de la capilla privada del barón de Betancourt que se encontraba intramuros del castillo. Despachaba con él varias veces a la semana y al señor le gustaba escuchar la opinión del párroco, que aconsejaba en los asuntos en los que era requerido, «pese a que finalmente hiciese el señor lo que le placiese», refunfuñaba el viejo. Le Verrier en su cargo de ayudante no asistía a esas reuniones, se limitaba a ver, oír y callar, cuando el señor merodeaba por la parroquia. Suficiente tenía el joven con repartir las limosnas a los que endeudaba con su diezmo y en no pocas ocasiones, con el quinto de la cosecha que obligaba a entregar.

—Escúchame bien lo que te voy a decir. Prepara la copa con vino, anda...— dijo el padre Remy mientras se sentaba en el primero de los bancos, aquejándose y guardando el equilibrio sobre unas extremidades desarticuladas como patas de mesa vieja.

Le Verrier preparó el cáliz de las ceremonias con un poco de vino y agua que ofreció primero al anciano por respeto. Este bebió un trago para aclararse la garganta y las ideas, pues no sabía cómo darle convenientemente la noticia que tenía para él. Devolvió la copa al joven, que aprovechó para sentarse en uno de los escalones del atrio frente a él. Y por fin, oculto en ese tono áspero y ronco, comenzaron a brotarle las palabras:

—Muchacho, debes saber que marcharé cualquier día de estos. Dios mediante. Iré a terminar mis días a otro lugar, que es lo que hacen los viejos de mi edad —exhortaba mirando al altar con sus pupilas cada vez más ocultas tras un velo blanquecino, como si hablase con la Virgen misma—. Tal como ya te he dicho, esto mismo ya reside implorado al señor y no ha dispuesto impedimento escuchando mis peticiones. Él sabe de mis taras, y que apenas me llegan las fuerzas para tañer la campana, —el viejo solicitó la copa de nuevo y bebió con la misma dificultad de ella como si lo estuviese haciendo montado a caballo, teniendo que secarse la barbilla—. Me ha recompensado buscando para mí un lugar apropiado y digno para recibir cuidados. No dista lejos, es en la abadía de Saint-Wandrille: allí haré mi retiro. Debes saber que cuando él disponga, marcharé.

—Pero… Padre, —frenó— bien sabéis que yo estoy aquí para ayudaros —disintió al no esperar esa noticia. Acababa de llegar de su viaje. Se le había cerrado el estómago, egoístamente, por una absurda inseguridad en sí mismo que le surgió en el momento de escuchar esa marcha del anciano, buscando excusas que alegar en su mente para no quedarse solo en ese cargo hasta que llegase el nuevo párroco: así comprendía el joven que sucedería.

—Ya está dicho y así será, punto —sentenció el padre Remy, que no perdía de vista el altar con su mirada cansada—. Te tengo que decir un par de cosas respecto al señor que te vendrán bien. Creo que no conoces bien lo que hay dentro de su cabeza.

Eran ciertas esas últimas palabras suyas. Le Verrier había tratado pocas veces con el barón, ya que, tanto en la villa como en la expedición, se dejó ver en contadas ocasiones. Además, la impresión que le causaba no era del todo buena, lejos de profesarle respeto por su cargo, le parecía un déspota preocupado únicamente por sí mismo. Como joven franciscano que predicaba la pobreza —valores que le inculcaron y que él procuró hacer suyos—, no gustaba de ser condescendiente con conductas de ese tipo. Y en ese sentido, el permanecer bajo su mando en la misión de El Mehadieh, no había cambiado esa opinión —si acaso lo contrario—.

Si bien era cierto que los campesinos pagaban por la protección del castillo por razones de peso, ya que existían numerosas hordas de bandidos que asolaban poblaciones enteras sin previo aviso: salteadores, asesinos y cuatreros que saqueaban cosechas, robaban el ganado, mataban y violaban. También era cierto que muchas veces el precio que pagaban por la protección de ese vasallaje venía siendo demasiado alto.

—Muchacho, bien sabes que el señor se ha hecho a sí mismo, ha podido llegar a mantener todas sus posesiones pese a las terribles circunstancias que han acaecido por aquí en estos últimos tiempos. Puede ser un buen ejemplo para ti, que aún tienes muchas cosas de las que aprender en esta vida.

Le Verrier lo escuchaba con atención ya que, aparte de no comprender por dónde pretendía llevar la conversación el anciano, conocía poco de la historia de su señor y le interesaba saber más sobre él para poder entender ciertas actitudes suyas.

—Ambos sois huérfanos, tenéis eso en común.

Ese recordatorio dicho así, tan a la ligera, hirió sutilmente al joven, siendo algo en lo que no gustaba que hurgasen. El Padre, aunque hosco, era anciano con recursos, y viendo que sus palabras habían resonado mejor en su cabeza que en su boca, intentó quitarles peso, matizando:

—No es mala persona, lo verás por ti mismo, simplemente hay que ir aconsejándolo bien cuando le entran los demonios. Son tiempos duros para la gente blanda, el Demonio está por todas partes acechando, muchacho... el mal campa por estas tierras, sí.

Era bien sabido que el señor aplicaba una justicia más que cuestionable justificando su conducta por acciones de terceros, como podría ser Satanás o quien tocase. Sin embargo, Le Verrier ponía aquello en duda siempre, no sabía si vendría de una cosa u otra, pero le quedaba claro que esos actos del barón apestaban en ocasiones a su propia maldad. Una maldad implícita en ello, en mantenerse respetado a base de fuerza en su señorío o de cara a otros nobles de la región. Le hubiese gustado saldar dichas dudas aprovechando ese momento de confidencias que le ofrecía el viejo, pero pronto desistió sabiendo que no conseguiría la respuesta que buscaba, sino la más conveniente, como siempre. Y el joven prefirió ir al grano, ya que las conversaciones con el padre Remy, además de escasas, solían terminar cuando se cansaba o se dormía, cosa que solía suceder pronto. Sus mejillas cadavéricas comenzaban a sonrosarse a causa del vino, así que prefirió apostar todo a una misma y abreviada cuestión:

—Pero... ¿y quién vendrá a sustituiros, Padre?

—Muchacho, no te estás enterando. Muchacho, tú. Tú vas a ser el nuevo párroco y confesor del señor, que aquí no va a venir nadie de fuera. Esa ha sido su decisión y la mía, estás más que hecho para hacerlo, Jean. —Se refirió a él en su nombre de pila, algo insólito, tierno si cabía—: Lo vas a hacer bien. Estábamos esperando a que llegases de esa singladura en tierra de herejes para poder marchar yo. La decisión estaba tomada de hace semanas, desde que llegó el señor de Génova, pero demoraste tu vuelta en solitario, hijo, y aquí quedé aguardando la misma —atestiguaba, esa vez mirándole a los ojos en lo que parecía una tenue expresión fraternal que a Le Verrier hizo enmudecer de pavor; no obstante, por otro lado, permaneció unos instantes agradecido, pues era la primera vez que escuchaba de boca del viejo unas palabras de reconocimiento.

El joven evaluaba como una responsabilidad las labores que hacía su párroco y aún no se consideraba preparado para desempeñarlas, una cosa era ayudar a dar misa y otra muy distinta sería el impartirla, pensaba. Además, tendría en su haber a su vez la responsabilidad de gestionar la parroquia y aún peor para su ánimo: ser el consejero espiritual del señor. Pese a que, en su fuero interno Le Verrier sabía que era capaz de hacerlo, tan solo al pensarlo se le exaltaban los nervios. Ya había dado misa y algún otro sermón en las ocasiones en que el padre Remy quedaba impedido, pero coger el testigo de una responsabilidad así teniendo en cuenta además la convulsa situación por la que atravesaba la santa Iglesia —con dos papas a la vez en Europa—, era harina de otro costal.

Se preguntaba, con cierto e incómodo egoísmo, si esas inherentes responsabilidades al cargo —tal vez más políticas que espirituales—, lo alejarían de su íntima pasión por las demás que tenía conforme a su fe, tal y como veía que les sucedía a muchos religiosos. Unas labores que realizaba hasta la fecha con gran vocación y altruismo.

Le Verrier había tenido la mala suerte de encontrarse con pocos referentes en los que apoyarse, y afinar con su ejemplo una particular sabiduría en su hacer eclesiástico, avergonzándolo en ocasiones más los suyos que el resto, que se les presuponía menos piadosos.

Años atrás se había producido una desgracia en la cristiandad, un ignominioso cisma que retumbó los cimientos de la santa Iglesia dividiéndola en dos. Siendo el papa en Roma, su santidad Urbano VI, se autoproclamó también papa el santo padre Clemente VII, comenzando a conocerse popularmente como el «Antipapa» e instalando su sede en Aviñón. El de Roma, por su parte, excomulgó al de Aviñón y a sus devotos, y lo mismo hizo Clemente con Urbano y los que lo juraron. De esa manera, en Europa, se dio la grandísima paradoja de quedar todos los católicos excomulgados a la vez.

La conmoción inicial y la urgencia en postularse como detractores o alabadores, entre unos y otros, había pasado ya, sin embargo, el problema moral que residía para el joven fraile era que ya se veía ese absurdo como algo corriente, asentado; y eso no dejaba de chocar con su visión personal sobre lo que debía de ser una correcta conciencia religiosa. Luego estaban las inmorales y bien sabidas vidas de excesos de numerosos eclesiásticos que pululaban por doquier, faltos de fe y de cualquier espíritu religioso. Atravesando aquellos reinos, ducados y principados europeos que recorrió en su largo viaje desde Génova, fue testigo de cómo muchas abadías y prioratos andaban regentados por nobles, más atraídos por el poder emanado de sus cargos que de su obra y fe. Y a su pesar, en esa misma situación se encontraban también las que habían sido incorruptibles órdenes religiosas, debido al masivo ingreso de esos nobles en ellas, a los que llamaban burgueses, la gran mayoría sin ninguna vocación. Esto se traducía en una prostitución de la vida en clausura y en la poca observación del espíritu de pobreza, sentenciaba. Y en la base de todo aquel sistema corrupto, residía el lodazal del bajo clero en el que muchos sobrevivían pasando por serios problemas y existiendo miserablemente, llevados casi a la mendicidad. No era el caso de ellos, ya que afortunadamente, su señor, por suerte y hasta ese momento, cubría sus necesidades cuando se precisaba. En resumen, su querida Iglesia, sueño y creación del Apóstol San Pedro —que debería ser fiel reflejo de la vida y enseñanzas de Jesús de Nazaret—, se presentaba corrupta y enfrentada entre sí. De todo ello estaba bien al tanto Le Verrier y por esos motivos de peso no anhelaba un cargo de responsabilidad en ella en esos momentos.

En ese día su señor no quiso recibirle y lo pasó nervioso por esa conversación mantenida con el viejo Remy y por la posterior a la que se enfrentaría con Betancourt. Esa noche no pegó ojo, debía volver e intentar visitar a la mañana siguiente a su señor para presentarle sus respetos y esperaba departir con él ese asunto del retiro del Padre. Angustiado, dudaba de sí de nuevo, preguntándose si verdaderamente estaba preparado o no para ser el nuevo párroco de la villa. En realidad, no eran más que sus miedos los que lo tenían en vela. Era una persona minuciosa con severidad y el peso de la ansiedad le producía una desalentadora sensación cuando le venían compromisos de responsabilidad. Masculllaba absurdamente que no sería capaz de estar a la altura de aquello, y eso lo crispaba. Se adelantaba siempre a la situación, preocupándose sin razón en lugar de ocuparse con ella. Frustraciones, que tras su reciente conocimiento de la ferocidad de la guerra con sus propios ojos consideraba nimias. Sin embargo, comparadas con esas que ya quedaban lejos, estas le dolían como pasos atrás en su crecimiento espiritual. No disfrutaba de ese designio, que ya de por sí para cualquiera sería regalo de Dios. Y por ello también se castigaba. Pensó en azotarse o aplicarse el cilicio para mortificar su razón, pero desistió al instante: un dolor físico no le mitigaría el emocional, el espiritual o quizá esa mezcla de ambos aún por identificar.

Apretaba los puños, arrebatado, rezando para calmar el alma. «¿A razón de qué estos miedos tras pasar por lo de África?, Señor, creía haber madurado tanto allí...». No concebía como lógicos esos asuntos, debilidades e inseguridades más infantiles que otra cosa, que le surgían desazonados como esa noche oscura en su camastro, entre ronquidos acompasados y esporádicas flatulencias del anciano. Tras proponerse enumerar las virtudes cristianas de las que creía disponer —su profunda capacidad de oración, su fe, su pasión, su prudencia, su moderación, su fidelidad, su caridad...— se dispuso para aclararse a calcular pormenorizadamente por contra, las tareas que tendría que realizar si fuese él el Pastor en los días de guardar de los cincuenta y dos domingos anuales y otras tantas fiestas del santoral, principalmente en los meses de mayo y diciembre. Asimismo, tener que confesar a todos los feligreses con el sobresfuerzo intelectual que suponía esa tarea, ya que en ello debía de convencerles de que algunas creencias paganas que practicaban por costumbre y tradición, no eran buenas para ellos. Que los numerosos pensamientos heréticos, que les llenaban la cabeza de ideas extravagantes alejadas del catolicismo, no eran más que movimientos que surgían del mismísimo Satanás para valerse de esa Europa en crisis de fe para sus fines desde su trono del Infierno. «Mas ese miedo al fin del mundo, Dios mío...», habladurías de naturaleza vil que solo podían tener un sentido malicioso para impregnar de pavor sus corazones; pues aquello era un rumor que a todos se les había metido en la cabeza, incluso a él, y que no hacía más que enfermarlos. Así repasaba las aprensiones diarias propias de esos años, determinando que el miedo y la ignorancia eran las verdaderas epidemias que avanzaban y contagiaban más que la peste, infectando gravemente a muchas familias que vivían su día a día, sumiéndolos en un enorme pesimismo, afectando así a sus esperanzas, su fe y a su salud seriamente.

Despertó aturdido y algo nervioso en esa fresca mañana por el insistente canto de un gallo cercano. Apoyado en esa abstracción mental que generaba el sonido de su orina cayendo a la bacinilla, reparó en que estaba allí, «sí»: en su hogar. Lo refrendó restregándose los ojos con la mano libre y abriéndolos de nuevo. Y sonrió deshaciéndose de todos sus pesares al instante, concluyendo que todo podría ser peor. Que uno no solía caer en lo mal que podría estar, estando bien. Miró esa luz ingresando sutil: ese día estaba ahí presente para verla y no muerto como los que vio morir. Ese día volvía a salir el sol para él y no para otros, se consoló. Rezó una oración y se santiguó metódico. Esa claridad comenzaba a inundar la estancia adosada a la trasera del ábside de la iglesia donde vivían, percibiendo al instante bajo la protección de aquel lugar un sentir del que hacía tiempo que no disfrutaba su efecto físico: «Estoy a salvo y en calma, Señor, gracias», se dijo.

Avivó el fuego para calentar algo de sopa para hacer gachas y a su vez caldear algo el aposento. Tenía frío y no perdió la oportunidad de cubrirse cuanto antes con esa prenda de lana gruesa sobre la camisola larga con la que había dormido. Le gustaba ese hábito porque podía introducir sus manos por los costados y llevarlas recogidas y calientes en su interior.

El padre Remy despertó al poco tiempo, atragantado por una fuerte tos que se le produjo, acercándole Le Verrier un poco de agua. «Ciertamente está mayor», pensó observando de cerca su decrepitud, mientras paciente, aguardaba para recoger el sencillo vaso de barro cocido que el padre sostenía tembloroso mientras bebía a pequeños sorbos.

—¡Pronto te arreglaste, muchacho! Si es para ver al señor, aguarda, demasiado pronto para un despacho con él, ¡es de lento despertar! —le recordaba gritando sin mirarlo, como de costumbre.

El joven fraile se excusó, vociferando también para que lo escuchase bien, con su intención de salir a estirar las piernas y aprovechar para charlar un poco con los parroquianos.

—¡Quedan trabajos pendientes en la iglesia y en la casa, muchacho! —recriminó.

Le Verrier sabía a lo que se refería porque había visto con sus propios ojos la dejadez del padre en su ausencia, pero no quería entrar en disputa con él: prefirió ser buen cristiano en lo compasivo y virtuoso en la paciencia, recordando que tratar a gritos con ese hombre según qué temas cansaba, sobre todo en ese tipo de días de recogimiento y encuentro; si esos iban a ser sus últimos días juntos, prefería tenerlos en paz a llevar la razón.

—¡Sí, Padre!, pero ya se hará cuando toque. ¡Lo importante hoy es el otro asunto, el que vos bien sabéis!

—Con esta frase enmudeció al anciano para toda la mañana, pese a que prosiguió entre dientes con alguna perorata en un latín ininteligible.

El ánimo le había cambiado acrecentado tal vez por el brusco frescor matutino que sintió caer sobre su rostro al salir. El pasear de buena mañana saludando, compartiendo e interesándose por los vecinos, pareció haberle hecho recuperar algo de su confianza y, con el castillo frente a él y a la hora que consideró oportuna, se incitó con una sonrisa: «¡Vamos allá, Jean!, ¡Dios mediante!».

Al ir acercándose podía escuchar, más que ver, cómo aún se daban los retoques en la terminación de las murallas, destruidas por orden del rey de antaño en el conflicto que le ocasionó ese tal Carlos de Navarra décadas atrás. Todo por la sucesión del trono de Francia. Rememoró cómo su rey Carlos, delfín de Francia y padre del actual, decretó que todas y cada una de las defensas de los castillos regentados por traidores a su causa fuesen derribadas. Como fue el caso del padre de su señor de Betancourt, que partidario del de Navarra por los intereses comerciales que tenía en el paso de Calais con los cercanos e impíos ingleses, tuvo que demolerlas como castigo tras aquella paz de Pamplona.

Decían de ese castillo en Grainville-la-Teinturière, que tenía una posición estratégica envidiable. La cara norte de la muralla daba a un pequeño barranco defendido a tiro de flecha; y por la sur, privilegiada observación del valle dominándolo por entero. Las circundaba un profundo foso de agua corriente que venía del arroyo Tourterou, un brazo del río Durdent desviado artificialmente en su día por los constructores de la fortaleza. Sus recias puertas estaban abiertas de par en par y las custodiaban dos soldados de guardia en ese acceso. Jóvenes de su edad a quienes reconoció sin saber el motivo, ya fuese de haber coincidido en África o de por allí, confirmando para sí que no de acudir a los cultos, al menos antes de marchar a la cristiana misión —los que acudían a la iglesia los recordaba fielmente—. La guardia iba bien pertrechada con escudos ligeros y espadas colgadas de gruesos cintos que lucían bien engrasados. En sus cotas de malla sobre gambesones de algodón descoloridos, calzas de protección en las piernas y bacinetes encajados sobre sus cabezas, se apreciaban serios en su relajación, departiendo con otro hombre que destacaba entre aquellos dos, enfundado en un jubón negro.

Al atravesar Le Verrier el puente levadizo sobre el foso, se mostraron incómodos al reparar en él: era el joven fraile acercándose, en lugar del anciano Remy, al que estaban más acostumbrados a ver por allí. El del jubón negro se aproximó, era Jean Le Courtois, un fiel acólito del señor con el que poco o nada había tenido el gusto de tratar. Canoso y enjuto en facciones marcadas en lechosa piel y en mirada oscura como de verdugo, profunda y ojerosa, le habló.

—Bueno, bueno… fray Le Verrier. Cuánto tiempo, ¿otra vez por estas tierras? —Aquellas palabras en esa voz característicamente rasgada y aparentado un saludo informal como esperado caballo de Troya escondiendo su ironía, fueron advertidas malsanas por el joven por el tono y la cínica sonrisa que lo envolvían. Este continuó interrogando, más que preguntando, por sus intenciones en esa visita al castillo. Una vez aclaradas por el fraile, Le Courtois asintió como dando su bendición a la guardia y guio a un Le Verrier incómodo con su presencia. El joven, mientras seguía la figura estirada de Le Courtois por entre el castillo, se apocó con el sangriento recuerdo de aquella medina sarracena que lo asaltó de pronto —desde que estuvo allí, no había vuelto a entrar en una fortificación—. Al pasar bajo el enorme rastrillo de metal que pendía del acceso principal del castillo, sostenido por un par de cadenas de gruesos eslabones, se mareó, retorciéndose sus entrañas, y sudó frío, sobrellevando al instante la irracional emoción de estar bajo sarracenos acechantes que podrían caerle encima en cualquier momento. Ese tipo de evocaciones frugales lo llevaban a observar que sus heridas del alma permanecían aún bien abiertas.

Ya en el patio de armas, por entre los adarves de la muralla, apreciaba los perfiles de los arqueros de guardia como negros cuervos observantes mientras que, a su alrededor, un puñado de herreros martillaban; canteros hacían sonar sus mazas y escoplos perfilando bloques de piedra que subían para matizar almenas; sirvientes recogían bostas de los caballos; y veía a varios soldados en tareas cotidianas de instrucción, y cómo todos ellos advertían su presencia por allí con una simple ojeada.

Cruzó con su corazón, más razonado de calma, sobre otro foso de agua que rodeaba esta vez a la torre del Homenaje donde residía el señor. Y pronto se vio tras Le Courtois entre estrechos corredores y escaleras de caracol por el interior de la enorme torre circular. Allí comenzó a percibir una deliciosa mezcla de aromas a comida recién hecha, que chocaba con el profundo hedor a estiércol anterior y con los platos que había estado acostumbrado quizá en toda su vida. En ese momento, acercándose a lo inevitable, repasaba detalles que ya sabía sobre su señor de Betancourt para mantener una conversación juiciosa con él: huérfano de padre a los dos años de edad y que disfrutó de su madre hasta unos años atrás. Que, con quince años el joven barón marchó a servir al muy alto duque de Anjou, hermano del rey Carlos V de Francia, padre del VI, el que ora tocaba. Tenía en cuenta también el detalle de que aún no estaba enlazado en matrimonio. Entretanto, llegaron a una estancia del piso superior un tanto más cálida. Era un salón bien clareado por la luz del día, destacando al fondo una gran chimenea de piedra labrada con diferentes relieves que rodeaban su escudo de armas en el centro: su león negro rampante. Y de pie, apoyado sobre una mesa de madera maciza con la mirada puesta en un documento, estaba el señor de Betancourt que, al advertir su presencia, se incorporó argumentando a viva voz: —¡Mi querido fray Le Verrier! Ya supe de vuestra llegada, me place teneros por la villa, espero que el viaje desde Génova no os fuese fatigoso.

Le Verrier, que observaba la refinada indumentaria que mostraba con aquella túnica negra de ribetes dorados y unas botas lustradas que le cubrían el calzón hasta las rodillas, tardó en fijarse en que a los pies de su señor había dos grandes perros estilizados que reposaban sobre un lecho de paja, cuyo único ademán de sobresalto fue mirar hacia al recién llegado, lejos de alertarse por ese extraño como solían hacer los perros de los campesinos. El señor observó riéndose cómo el fraile los miraba con recelo, manteniendo la distancia por cautela.

—No os preocupéis, estos perros no sirven ni para cazar gatos, pero ¿sabéis, Le Verrier?, son más de fiar que las personas. Les podéis pegar y dejar sin comer durante días y se siguen alegrando al ver a su señor. Es difícil encontrar en esta vida personas de confianza de las cuales rodearse: gente de fiar, vive Dios, en fin...
—expresaba lamentándose irónico, mientras acariciaba la cabeza de uno de los canes.

El señor hizo un gesto a Le Courtois y este se marchó de allí sigiloso con cierto recelo en su expresión. Conducta a la que pronto se acostumbraría Le Verrier, de ese oscuro personaje con el que cruzaría su vida en más ocasiones de las que hubiese deseado.

—Sentaos, joven —demandó a continuación acompañado de un respetuoso ademán.

Pese a la diferencia de edad entre ellos, unos diez años calculó, al barón ya se le apreciaban las primeras canas en esa media melena que le cubría la nuca.

—¿O debería llamaros *Padre*? —Terminó, sonriendo con ligera expresión magnánima.

Al fin y al cabo, el que mandaba era el señor y aunque se preciase cercano con él, no era más que una táctica para ocultar inseguridades y su verdadera condición que le manaba por los poros, enjuiciaba con perspicacia, mientras lo escuchaba.

—El padre Remy ya está mayor y he pensado en su retiro, pero esto ya lo sabréis me imagino, ¿no es así? —preguntó en un breve silencio, roto por la rápida contestación de Le Verrier:
—Sí, mi señor, el padre Remy me informó al llegar.

Tras sancionar con la cabeza al escuchar esa respuesta, Betancourt continuó: —El padre Remy ha realizado una gran labor para con su señor durante años, es importante para mí tomar esta decisión pues, joven Le Verrier, no soy del gusto de que nadie me cause problemas. Con el padre Remy todo ha estado tranquilo en mis tierras.

»Sé que hay nuevas corrientes en la Iglesia, me consta, y también me consta que vos sois joven apasionado, pero que pese a ello sabréis que dichas ideas son parte del trabajo del Demonio en nuestra tierra, porque habréis tenido la oportunidad de estudiarlas con más detenimiento que los viejos.

A esas alturas de la conversación, Le Verrier comenzaba a sentirse incómodo, no sabía hacia donde iba su señor con sus palabras: no entendía si lo que estaba queriendo decir era una amenaza o si ni siquiera lo decía por él. El señor se levantó y comenzó a reflexionar en voz alta mientras caminaba a su alrededor por aquel salón con sus manos reposadas a la espalda.

—Mi decisión, joven, es que, ya que lleváis años en la parroquia y sois apreciado por mis vasallos, continuéis aquí en la villa conmigo. Sé que sois persona que aplica la mesura en acciones y vicios de hombres mundanos, como por ejemplo yo —riéndose tras pararse a ver la reacción del fraile, que contestó con una leve mueca similar. Lo estaba poniendo a prueba con su sarcasmo. —Y, creedme que me gusta, pues ya sabéis lo que hay en instituciones de Dios en esta época. Espero que en vuestros pensamientos también practiquéis esa mesura. Si hacéis eso nos llevaremos bien, no sé si me estáis entendiendo, *padre Le Verrier*—. Terminó nombrándolo ya en ese cargo con gesto serio, ofreciéndole un vino que previamente había servido mientras hablaba.

Tomó la copa de plata que le ofrecía de manos del propio señor, pues servir a otro era un gesto que debía de valorar en un noble. Quedó preocupado, con cierta sensación de angustia. Presentía, por el tono de la conversación, que algún malintencionado comentario sobre su conducta tendría que haber llegado hasta su señor. Él era, en ese sentido, crítico con los abusos a los vasallos, pero hacía tiempo que no expresaba sus ideas en público, ni siquiera al padre Remy. «¿Habrá sido él?, posiblemente… ¡traicionero viejo andrajoso!», barruntaba: «¡Seguro! …ese viejo no se casa con nadie». Le habría recomendado al señor, «sea», pero posiblemente para no pillarse los dedos también, habría apostillado algo sobre él, e imaginaba a Remy en su ausencia, relatando las miserias propias de un joven fraile idealista, repitiendo a continuación al señor ese refrán tan usado por él, de «más vale despacio prevenir, que despacio arrepentir», y este habría aceptado su petición con resignación, teniendo en la cabeza otro propio para el anterior que le venía a él: «Más vale malo conocido, que bueno por conocer».

Observando un elegante tablero de ajedrez en perfecto orden de batalla a su lado, Le Verrier meditaba en lo poco que se había relacionado con el señor en la misión de África, y que a lo mejor tendría que haberse preocupado de haber sido un poco más diplomático en lugar de aventurero. Tampoco tuvo la oportunidad de mantener alguna conversación con él, es más, apenas lo vio por allí en esa misión. El fraile prefirió estar con la soldadesca antes y durante la batalla, y con los heridos posteriormente cuando su señor se marchó a Normandía sin mirar atrás. Por ello, era posible que su comportamiento despreocupado con él en la expedición le estuviese pasando factura en ese momento.

Betancourt se volvió a sentar: —No crea que he aceptado lo propuesto con resignación, Le Verrier, todo lo contrario. Considero que vos os distinguisteis en El Mehadieh: me han contado vuestro periplo por la prisión de la Medina, estoy deseoso de escucharos —regodeándose, más que por interés, ya que le parecía gracioso imaginarse a un frágil fraile correteando entre una contienda de duros soldados—. Os honra haberos prestado voluntario para una acción bélica de esa índole, sabiendo que vuestra cómoda vida en esta parroquia podría haber quedado ahogada por una flecha sarracena o en el fondo del Mare Nostrum. A Dios gracias estamos vivos, ¿no es cierto? —lanzó aquella pregunta al aire, en ademán ceremonial, convencido de sus palabras alzando la copa al cielo y bebiendo de un trago todo su contenido.

El joven sabía que indudablemente estaba vivo de milagro, aunque dicha experiencia la quiso compartir con muy poca gente, ya que, para cualquiera que lo escuchase, realmente las formas de suceder parecerían más bien exageraciones para darse importancia, más que un milagro; si fuera cierto, pensarían algunos. Y no solo él, sino también el hombre al que mutiló. Y en aquella paradoja, con aquella terrible duda viviría toda su existencia: «¿Murió o no murió?». Lo que no sabía, y tampoco quería preguntar por prudencia, era ¿dónde habría estado su señor metido durante el asedio?, pues no lo vio por allí. Por tanto, se limitaba a escuchar atento. Lo ponía nervioso tratar con nobles, se encontraba más cómodo con el populacho.

—¡Compartid mesa conmigo!, Padre.

—Con gusto lo acompañaría, mi señor, pero... —contestó con cierta vergüenza por la situación, ya que no sabía cómo comportarse en tal ofrecimiento.

—Seréis vos mi confesor, como poco aceptad este gesto, Padre. Muchos miserables venderían a su madre por comer en la misma mesa que su señor —aclaró sonriéndose por su propia elocuencia, en la broma que él mismo acababa de expresar.

Le Verrier, al que le desafinaba aún que lo llamasen *Padre*, se sentó sin mediar palabra. Pensó que si quería un futuro en esa villa debía de hacer muchas cosas a partir de ese momento que no le fuesen plato de buen gusto, procurando en ello no cambiar su parecer ni sus íntimos pensamientos. Tranquilo porque, a ese registro particularmente suyo, tan solo podía acceder él.

Por un instante se le habían olvidado las ideas contestatarias que tenía. Se sentó a comer con el señor y eso lo contrarió un poco: «¿Jesús de Nazaret habría aceptado?», contrastó. Debía estar precavido e intentar que su ego no saltase con ciertos comentarios, debía trabajar en morderse la lengua. «Ya habrá tiempo para sofocos más adelante». Con tiempo, intentaría llevarse a su terreno al señor. «Poco a poco», terminó diciéndose. Aunque joven, él era un hombre de recursos y la palabra bien dicha ganaba más batallas que la espada.

—¡Sea, pues! —exclamó el señor, dando sonoras palmadas que debió de escuchar un asistente personal que, raudo, entró en la sala—. ¡Venga, hay un invitado y tiene hambre! —ordenó el barón sin mostrar ninguna vergüenza en sus formas.

El asistente cogió la indirecta, y en un instante el personal de servicio de la cocina comenzó a servir sobre aquella mesa suculentos platos recién preparados que reconocía en parte, por no haberlos visto nunca servidos así de ostentosos, como ostras frescas de la región, una humeante pierna de cordero con verduras y frutos secos, servida en una gran fuente de barro, un pato entero de Rouen con su guarnición, lenguados del Dieppe en salsa de pimienta, y una tabla con cuñas de quesos que parecían Livarot y Camembert. Todo regado con la gustosa sidra seca de una damajuana forrada en mimbre que se colocó en el centro de la mesa sobresaliendo de aquellos manjares. Para el joven fraile ese era un banquete desproporcionado y escandaloso para dos personas: su señor deseaba mostrarse ante él. Sin embargo, en un principio observó sin probar bocado cómo el señor degustaba, con gula y sin orden, comenzando a servirse en el mismo momento en que la primera de las fuentes tocó la mesa, hasta que, en un momento dado, Betancourt se dio cuenta de que estaba compartiéndola con un religioso, y de los honestos:

—Padre, disculpad —comentó con gesto serio.

Le Verrier cerró los ojos, juntó las manos sobre la mesa y en un santiamén bendijo los alimentos, dando gracias a Dios por ellos.

—¡Amén!, sí señor… ¡Amén, Padre! —contestó el señor cuando este terminó.

El joven entonces comenzó a comer de los platos con la obligada mesura que le correspondía en un banquete de esa índole.

—Bueno, Padre… me interesa mucho vuestro paso por El Mehadieh, habladme de ello, si no os supone molestia.

—Por supuesto, mi señor, no es molestia…

Tras aquella comida en el castillo —la primera reunión de las muchas que se irían sucediendo con el señor—, pasó unos días agitado por una responsabilidad que, como pesado y oscuro ente que residía sobre sus hombros, llegó a hipnotizarlo. Sin embargo, inadvertidamente pronto para él interiorizó su designación, abrazando esa propia carga con afecto cuando la consideró justa por un lado para él y absurda de sufrir por otro. Su pronta capacitación en afrontar ese hecho aceptándolo de manera equilibrada, le hizo consciente de disponer de esa herramienta que cuestionaba en él tras las terribles experiencias pasadas en África: la madurez. El saludable efecto de la seguridad en uno mismo lo envolvía. En la villa a su vez también se notó ese cambio que fue aceptado de buen grado por todos los aldeanos. Sin ser consciente de ello, aquel joven franciscano sintió en sus carnes la reconfortante frescura de novedosas pero naturales formas de cariño y respeto que le debían, por nada más que su buen hacer como ayudante del párroco en tiempos pasados. Algo que no pretendió en su labor anterior al dedicarse a ella y que simplemente se le presentó en esos días como un merecimiento imprevisto a su persona, que lo ayudaba en ese nuevo camino, aportándole una dosis de energía adicional reconfortante. El aliento de los aldeanos y a su vez las chanzas de algunos feligreses descarados que abundaban y que no fueron pocas, también lo vivificaron en aquellos primeros días, bien orgulloso de estar trabajando en él una parte indulgente de talante ingenioso para saber lidiar con ellas. Le Verrier había recuperado la sonrisa perdida.

En aquel convite con su señor de Betancourt, quedó zanjado todo para el nuevo y joven padre y para el anciano y anterior padre Remy que, luciendo un semblante aliviado de peso —*alegre* sería demasiada expresividad para ese viejo gruñón, rumiaba Le Verrier—, se despedía mano en alto sentado sobre el mismo asno en el que viniera el joven desde Génova, pero esta vez, por suerte para el asno y el anciano, partiendo rumbo a una abadía que no distaba ni media jornada al sur en tierras normandas.

Bajo el umbral del antiguo arco de medio punto, vestigio de la primera iglesia construida siglos atrás, contestaba agitando la suya en esa despedida con cierta pena. Aprendió poco con el padre Remy, dentro de lo mucho que compartieron. Guardaría un cariño respetuoso a ese hombre para toda la vida, en el fondo se había portado bien con él en días de bonanza y de penuria.

—¡Me pasaré a veros por Saint-Wandrille… id plantando berzas en ese huerto, Padre! —gritó en un último arrebato de melancolía, perdiéndose entre los que los demás aldeanos que allí coincidieron también le profesaban.

El anciano se hacía cada vez más pequeño en la distancia y sopló, más que suspirar: quedaba solo y responsable de aquella parroquia, solo de verdad, ya era un hecho.

Con sus veinte años de edad, quedaba nombrado como clérigo presbítero capellán de su señor Jean de Betancourt y párroco de Grainville-la-Teinturière, presto para anunciar el evangelio, administrar los distintos sacramentos y orientar espiritualmente a sus fieles. En ese momento, bajo el arco de entrada de la iglesia, abandonó la mirada perdida entre sus miedos, reposándola en ese bajorrelieve próximo que le hechizaba desde hacía tiempo. Representaba una escena del libro del Apocalipsis en su capítulo diecisiete: «...y vi la mujer embriagada de la sangre de los santos y de la sangre de los mártires de Jesús... y cuando la vi, quedé maravillado de gran admiración», repasaba en susurros a la vez que observaba la imagen de esa mujer esculpida en piedra caliza. Una mujer que, a su juicio, debía de verse hermosa y valiente sentada sobre ese dragón de siete cabezas. «El dragón... ese dragón...», desentrañó. Esa representación del Apocalipsis inconscientemente lo llevó de nuevo a los oscuros recuerdos de sangre y muerte que vivió en las calles de aquella maldita Medina de África. «El mundo lleva al hombre a su perdición», esa era la alegoría de aquel tallado en piedra. «Más bien debería decir: que es el hombre el que lleva al mundo a su perdición», concluyó breve, reflexivo, maduro... Y con más fuerzas que nunca para comenzar de lleno con esa nueva vida, entró en la que ya era su iglesia cerrando la puerta tras de sí.

VII
S-clavo

Seis años después.
Sevilla, invierno del año de nuestro Señor de 1396.

El zaguán de entrada del palacete estaba oscuro. Amuley apenas atinaba a cerrar el picaporte de hierro sin pillarse algún dedo en ello. «Un ciclo y un lustro», se confirmó con esas dos diferentes medidas de tiempo lo que sumaba el que había pasado ya desde su captura. De la separación forzada de su pasado, arrancando de raíz del que iba a ser un predecible destino. De Atenery. Trazos de breves pero profundos recuerdos lo mantenían vivo y orgulloso de sus orígenes, de su casta. Él era un altahay de los mahoh, un guerrero, un macho de la isla de Erbania en tierra extraña.

Palpando casi a oscuras esa tranca y el picaporte del portón, estúpidamente confirmaba que ya sabía lo que era el metal, ya no lo confundía ingenuamente con piedras trabajadas, como le ocurría años atrás cuando fue traído hasta allí. Sabía eso y muchas cosas más. Ya dominaba la lengua de sus captores: el castellano; y conocía, pero no tan bien como la anterior, la lengua francesa, que era la de la patria de doña Caterina, su señora. Asimiló aquella lengua gracias a que a esta le gustaba pasar tardes enteras junto a él, escuchando extrañas historias de su tierra salvaje, las de un verdadero canario indígena de esos de sangre pura y espíritu indomable, de tradición, de su tribu. Llevaban años compartiendo conocimientos a modo de entretenimiento y confesiones, lo que le había servido a él para saber desenvolverse en esas lenguas y adquirir suficiente cultura sobre los cristianos como para llegar a entender sus formas. Con el paso de los años sirviendo en esa casa, Amuley adquirió una postura de conformidad con su situación que a veces lo asustaba. Si bien dejando muy atrás el aspirar a ser un valeroso guerrero altahay, intentaba no perder sus aptitudes realizando los ejercicios matutinos de defensa y ataque practicados en su juventud, integrados en él aún. Ya apenas recordaba las sensaciones que le deparaba el practicar la lucha en su isla, no era capaz de rescatarlas de su corazón del todo para poder soportar mejor esa situación actual. Había dejado de comparar, para poder sobrevivir. Había olvidado ese entusiasmo único de ser alguien importante en su tribu, en su aldea, para verse disfrazado con esas indumentarias coloridas que vestía. «Ropajes» —esa era otra palabra que le alejaba aún más de sus costumbres—, esclavizándolo superficialmente como a todos los de esa sociedad en la que residía. De lo que casi nadie estaba al corriente era de que, al poco de llegar, bajo esas vestiduras sobre su piel dibujaba símbolos de los suyos, y volvió a colocarse las dos finas tiras de cuero que acostumbraba a llevar amarradas a sus brazos a la altura de las axilas, algo que de alguna manera lo mantenían ligado a sus raíces.

Lo que también supo desde su captura era el significado de tener dueño. En comparación con otros, cierto era que en esa casa sus propietarios nunca lo trataron mal; es más, pese a sus formas altivas cuidaban de que todo su servicio se nutriese bien y vistiese correctamente.

Amuley mantenía una actitud indiferente con las costumbres castellanas que, en otros casos o casas, podría llegar a serle perjudicial: en esa no. Claro ejemplo de ello era que, a pesar de los seis años transcurridos allí, todavía no había querido ni sido obligado a recibir el bautismo cristiano. Sabía casi desde el primer día que tan solo los infieles estaban obligados por ley a continuar siendo esclavos, pues si abrazaban la verdadera fe, disponían del beneficio de la manumisión cuando tocase. Por el contrario, sino lo hacían, aunque consiguiesen tener las condiciones para obtener la libertad legalmente, sin bautizar era imposible.

Era época de invierno en Sevilla y aunque las temperaturas no se apreciaban demasiado bajas, la humedad y el frío continuado, día tras día, le calaba hasta los huesos. Aún no se había acostumbrado a ese clima tan diferente al de su isla. Pese a haber recuperado ya parte de sus fuerzas por unas fiebres que lo impidieron durante semanas, aún notaba cierto cansancio. Todavía no se encontraba a la altura de sus capacidades. Esto no era la primera vez que le ocurría, al igual que a otros esclavos: enfermaban, sufrían toses profundas —sangrantes algunas—, de calenturas y otras dolencias, hasta el punto de llevarlos a la muerte. Amuley pensaba, ingenuo, que esas enfermedades podían deberse al agua o a la comida a las que los cristianos estaban acostumbrados al haber nacido allí, pero eso eran suposiciones suyas. Pasar por esas fiebres en esa época del año fue de nuevo una tortura para su moral. En esos heladores delirios de sudores fríos en los que casi desgastó sus dientes en castañeros y tiritonas, volvía a ver paisajes de su indómita isla abrazada del bello azul del cielo y el inmenso mar salado. Sus arenas, sus cumbres. En esos delirios rememoraba un rostro que estando consciente había querido borrar de su recuerdo por mera supervivencia. Abrazaba con fuerza a la que fue su amor, *ella*, de quien ya prácticamente subsistían en su memoria más fragmentos de dulces sentimientos que esbozos desdibujados de su bello rostro. Amuley, habiendo yacido con varias mujeres en esos años, no consiguió nada más que satisfacer sus naturales deseos carnales. A ninguna amó. Con ninguna alcanzó, ni por asomo, la intensidad con la que llegó a amar a Atenery.

   La entrada del palacete estaba oscura como la noche, pensó. Tan solo una pequeña pero intensa luz proveniente de la calle, que entraba por juntas y rendijas de las grandes puertas, iluminaba lo justo para acertar con el cerrojo. Al fin logró cerrar el portón por el que acababa de entrar su señor momentos antes. Amuley, desde el primer día de su venta y entre otros quehaceres, se dedicó al cuidado de aquellos animales que tanto le sorprendieron y que ahora sabía que se llamaban caballos. También hacía las veces de ujier del palacete por su imponente presencia y serio carácter. Esa seriedad le había granjeado el respeto de los señores y de todos los sirvientes. Don Reinaldo, que también acostumbraba a utilizarlo en bastantes ocasiones para garantizar su seguridad en las calles junto con Jeremías, su esclavo de confianza, cada vez lo hacía menos. Más bien las justas, ya que sabía que doña Caterina, su esposa, pasaba muchas horas en compañía del canario y no quería que este la informase de sus discretas andanzas.

Amuley seguía manteniendo su larga melena lisa, tan zaína y radiante como las crines de uno de los caballos que tenía a su cargo, teniéndosela que recoger en una trenza por las normas de la casa. Tan solo cuando entrenaba o en la noche dejaba sus cabellos sueltos.

Aunque odiaba su nueva vida allí y a casi todos los que lo rodeaban, procuraba ser diligente, que no servil, en sus encargos. Entre labores y tareas, doña Caterina lo reclamaba en privado para gustar únicamente de su compañía. Le agradaba hablar con él, pues decía de Amuley que era un hombre en el que se podía confiar; comentario que podría ser una temeridad de su señora en sociedad al estar refiriéndose a la persona de un esclavo.

Con los años, la relación de doña Caterina con su esposo se había enfriado hasta tal punto que ya apenas se hablaban en público, teniendo que utilizar absurdamente a las damas de compañía para comunicarse. Caterina se sentía sola y avergonzada por su marido, que alardeaba como buen necio de recurrir a otras mujeres, sin caer este que esos chismorreos de la corte llegaban hasta su esposa. Además, estaba el asunto de Juana, como llamaban a la esclava que en su día en Erbania fue llamada por sus padres «La que Sonríe», Adassa en lengua de los mahoh: la sirvienta que utilizaba de concubina descaradamente en su propia casa.

—Hola, *Buey* —se mofó Adassa de él, utilizando ese tono de voz tan seductor al igual que toda ella era.

Se cruzaban ambos en ese instante por la escalinata, ella iba a hacer compañía al señor, como de costumbre. Con el paso de los años, a esa niña temblorosa de mirada inocente sobre aquellas bulliciosas tablas donde los vendieron a los dos a esa familia, en ese lejano día doloroso para el recuerdo tras arribar al puerto Sevilla, la naturaleza la transformó en una mujer con atributos y belleza incomparables. Y, aun siendo esclava, bien parecía la reina de esa casa, colmada de privilegios por ser la amante del señor. Ya no albergaba ninguna señal característica de su tierra: por el contrario, su espíritu transfiguró peligrosamente abrazando la arrogancia, en forma de mujer caprichosa y consentida.

—¿Dónde va mi *Buey*? —Volvió a punzar.

Amuley maldecía cuando lo llamaba así, como lo compraron, y había tomado la cautela de mostrarse con ella distante, amparado en esa seriedad que lo caracterizaba. Adassa provocaba y seducía su masculinidad de manera sucia y constante, tal que en ese momento en el que se le acercó tanto que tuvo que virar la cabeza para que no lo rozase con sus carnosos y sugerentes labios.

—Esto está muy oscuro, ¿no? —Vaciló de nuevo, zalamera— como las que te gustan a ti, ¿me equivoco? —se pronunciaba refiriéndose a una esclava mestiza con la que sabía que había yacido recientemente Amuley en las cuadras.

—¿A ti qué te importará? ¡vete al infierno! —inquirió en su lengua materna, prohibida para ser hablada por el servicio en la casa y que procuraban utilizar con reservas.

Amuley respondía a esa insolencia mientras instintivamente no podía dejar de apreciar su olor: una delicada mezcla de jazmines y jabón perfumado. Deslizaba su mirada furtiva en su elevado y joven escote que le gustaba enseñar, luciendo sobre él las joyas con las que el señor la obsequiaba con gran desfachatez, entre otros fines, para herir la sensibilidad de su esposa doña Caterina.

Su labor no era otra que vagar por el palacete, bordar y acompañar al señor en su alcoba. No gustaba de cruzarse con ella, no sabía qué actitud tomar: le sacaba de sus casillas. En alguna ocasión le hubiese abofeteado por deshonrar a su tribu, pero ya no la consideraba semejante a los suyos. Y aunque le costara afrontarlo, Amuley tenía una lucha interna consigo mismo, ya que Adassa le provocaba gran excitación como hombre. De eso ella estaba demasiado al tanto, era precisamente lo que buscaba en Amuley desde hacía un tiempo. Jugaba con él morbosa, inconsciente de la envidia que le trasfería el verlo permanecer incorruptible e íntegro ante esa sociedad. Una cualidad en ella olvidada, o a la cual ya no dedicaba el esfuerzo necesario, prefiriendo vivir en la comodidad. Sabía que sus esencias eran irremediablemente apetecibles y las utilizaba como defensa, más que arma, para su supervivencia. Asimismo, si el primer día que se hubiese dado hubiese sucedido, todo habría quedado en un buen rato juntos. Pero no sucedió, y Adassa necesitaba cumplir con su voluntad, un capricho que no había cumplido por la terquedad y orgullo de Amuley, que no estaba dispuesto a caer en las pretensiones de una joven de la que se avergonzaba. En cierto modo la compadecía —y se alegraba por otro lado— de que doña Caterina nunca lo hubiese obligado a hacer lo que el señor a ella. Este supo jugar sus cartas bien despacio, manipulando a una niña desamparada que buscaba protección. El amparo de un padre que le diese cariño consintiendo sus deseos, transformándola sin esperar el resultado en una víbora. Quedó marcada con gran diferencia para con los demás miembros del servicio.

—Yo me iré al infierno, pero tú te puedes ir a menear la colita como perro faldero con tu señora, ¿te crees mejor que yo? ¿eh, Amuley?, no eres más que un esclavo, *Buey*, no eres nadie. Tu destino está en sus manos, como el mío.

—¿Y tú que eres, Adassa? —recriminó.

—Yo soy tus instintos. Tus íntimos deseos, los peores y más bajos, porque me deseas, ¿o no es verdad, *Buey*? Me deseas como buen semental.

Amuley la empujó apartándola bruscamente. Eso último lo hirió, sabía que llevaba razón. Adassa sabía mover los hilos de hembra a su antojo, jugando con los instintos básicos de los machos. Este prefirió continuar su camino por entre esa casa palacio, donde al menos se sentía seguro para lo que sucedía en su exterior. La vida acontecía dura en esos tiempos y más para los semejantes a él. Cuando salía a las calles para sus encargos era consciente de la fortuna que tenía siendo siervo de esa casa, dentro de la pertenencia a una colectividad tan maltratada como eran los esclavos: el último escalón de la sociedad. Por ese motivo, la casa estaba siendo a su vez su refugio, la dominaba, y se encontraba protegido entre sus gruesos muros encalados en blanco. Le gustaba el silencio que había en su interior a diferencia de las bulliciosas calles sevillanas. Entraba poca luz para su gusto, pero sería aún más oscura si no fuese por los patios interiores que aportaban la claridad suficiente para iluminar pasillos y estancias. Eso también hacía que la temperatura se mantuviese suave todo el año. Los calurosos veranos y los húmedos inviernos se notaban menos en el interior de ese palacete.

La casa estaba repleta de variadas plantas y flores que daban vida con sus colores, y en uno de sus patios más recogidos, bajo una gran palmera que sobresalía por encima de los tejados —que no daba dátiles, delgada y estirada en comparación a las de Erbania—, realizaba sus ejercicios con disciplina cuando sabía que nadie a quien le pudiese preocupar reparaba en ello, normalmente antes del alba y de comenzar con sus labores. Con el torso desnudo, practicaba los movimientos propios del combate con técnica y en metódico silencio, sirviéndose un palo con el que se había hecho de las mismas dimensiones que la vara tradicional de los mahoh que tan bien sabía manejar.

La rutina de la casa pasaba por que los señores se levantasen siempre casi llegando al mediodía. Dormían en alcobas separadas cada uno a un extremo de la casa. Adassa, por supuesto, se despertaba a la misma vez que su señor, ya que dormían en el mismo jergón.

Y para cumplir, más que para evitar chismorreos, salía siempre antes de la alcoba vestida y con una jofaina de agua en las manos, disimulando como si viniese de entregarle agua a su señor momentos antes. Medidas absurdas que tenían únicamente efecto en sus conciencias y que no evitaban para nada los comentarios de sirvientes y conocidos.

El servicio, salvo algunas excepciones, disponía de independencia y libertad de movimientos por la casa. Comenzaban sus tareas antes del amanecer. Jeremías con el paso de los años había ensanchado el cuerpo y los carrillos, y una creciente barriga le sobresalía del cinto, haciéndole parecer aún más grande de lo que ya era. Últimamente acompañaba por las mañanas a una nueva esclava de raza negra, llamada Silvana, para hacer la compra de viandas en el mercado de abastos. Jeremías era el único que tenía la confianza de los señores para portar dinero, además de la dama de compañía de la señora. Normalmente iban andando y Jeremías cargaba galantemente con los bultos de Silvana, que parecía que era la única que enternecía, por llamarlo de alguna manera, el crudo carácter de Jeremías.

Aunque nunca lo habló con él, Amuley imaginaba que debían de provenir de las mismas tierras, ya que entre ellos se entendían en una lengua extraña las veces que pensaban que nadie los escuchaba, una lengua cantarina de sonidos graves. Únicamente cuando se celebraba alguna comida especial o recepciones en la casa para las que tenían que adquirir más género, solo en esas ocasiones los transportaba el cochero.

El cochero debía de ser natural de esas tierras de Sevilla. Francisco, como el Santo, para la casa y Curro para la calle, y así lo llamaban los suyos. Amuley pasó un tiempo asumiendo que lo de Curro parecía ser un sobrenombre por su cargo: «Hombre Libre Asalariado» pudiera significar—conjeturaba—, pues esa era su condición, y a su vez por la cantidad de *Curros* que cohabitaban en esas condiciones en la ciudad. Pero luego supo que no era así: tenía la suerte de ser libre, asalariado, sin embargo, tan solo era un apodo. Curro había trabajado para la familia del señor desde niño. Daba la impresión de ser un hombre desencantado de la vida, de esos de aspecto limpio de lejos pero poco aseado de cerca, y con una voz tan rasgada que a veces no se entendía lo que decía, pareciendo insultar con el tono al hablar cuando se expresaba.

Silvana la negra, que siempre sonreía, tenía aparentemente varios años menos que Jeremías. De rasgos finos para su raza, afable y bondadosa en su carácter, cualidades que la hacían padecer de cierta inocencia. Había sido adquirida reemplazando a otra para trabajar en las cocinas junto a las dos sirvientas que llevaban tiempo en la casa: una de raza negra que apenas hablaba castellano y otra de origen sarraceno, maternal en extremo con todos ellos; de tez blanca con una característica raya negra en los ojos. Las dos estaban bien entradas en carnes, siendo bastante ordinarias para trabajar fuera de las cocinas. Ese carácter colmado de desparpajo de las dos instauraba frescura en sus dominios. Estas hacían la lista de ingredientes para las comidas del día siguiente y se la daban a Silvana para que los comprase. Y antes del amanecer ya comenzaban a cocinar deliciosos guisos y postres para los señores. Las dos cocineras solo se dedicaban a esa función, por eso Silvana conjuntamente servía para otras actividades de la casa.

Por otro lado, las damas de compañía de la señora eran dos. Elvira, la más clara de piel y de rasgos exóticos, que habiendo sido mahometana ya estaba bautizada, era una esclava libre al ser manumitida por la señora tiempo atrás y, pese a su libertad, continuaba prestando servicios atendiéndola. La otra dama era más joven que Elvira, de la que Amuley aun guardaba su esencia corporal tras un encuentro fortuito consentido en las cuadras, a la que se había referido Adassa con celos en esa conversación. Completando el servicio, poseían otros cuatro esclavos más. En total, más de una docena de personas al servicio de dos.

Cierta ambigüedad llamaba la atención y confundía a Amuley en el trato a los esclavos de esa casa. Por un lado, veía cómo se les trataba de manera parecida al trato de los hombres libres como Curro, sin castigos severos ni gritos, como sí sucedía en otras casas. No obstante, por otro, sus señores les mostraban una indiferencia impropia incluso para cualquier animal. Andaban y vivían entre ellos sin mirarlos, cumpliendo otra de las normas de la casa: los esclavos tenían que pararse y mirar al suelo cuando alguno de ellos pasaba por su lado. La única que no lo hacía era Adassa, que había recibido más de un guantazo de la señora por quedarse mirándola a la cara con insolencia. Por esas normas, Adassa procuraba llevar una vida lo más alejada posible de las habitaciones que frecuentaba la señora. Pero eso no le importaba puesto que se pasaba el día vagueando, acicalándose y molestando a los demás sirvientes como si fuese la dueña de aquello. Era intocable y odiada por todos menos por el cochero, Curro, que bebía los vientos por su lozana y fresca Adassa, de la que estaba profundamente engatusado por los imposibles gustos de su edad.

Amuley, pese a todo ello, en su fuero interno sentía cierta compasión y un indudable respeto hacia la señora. Respeto que era fruto de la situación de desprotección a la que se veía expuesta por su esposo y que sufría en general en su entorno. Agradecía que doña Caterina nunca llegase a mirarle con deseo, tal y como había hecho el día de su compra cuando su expresión dejaba entrever unos apetitos sexuales reprimidos durante años, ante un joven musculoso y totalmente desnudo sobre aquellas tablas de los muros de la puerta del Perdón. Del mismo modo, tampoco él, incumpliendo esa norma, le apartó la mirada cuando charlaban en francés en esas innumerables tardes. Gestos que Amuley agradecía al hacer la relación entre ellos, si cabía, más llevadera, en ausencia de situaciones libidinosas y comprometidas con la señora. Estaba satisfecho y orgulloso de hallarse en un contexto muy diferente al que Adassa tenía con su señor.

Últimamente percibía a su señora más animada, despertando de alguna manera de ese estado de duermevela en vida que la tenía apocada, ausente y casi sin comer, en el que ya llevaba largo tiempo. Había dejado de luchar contra las circunstancias y contra el desprecio de su marido, por el que sentía una indescriptible vergüenza al ser la comidilla del servicio y de parte de la corte por sus no pocas infidelidades. Esa incipiente recuperación se reflejaba en sus ojos, que volvían a recobrar el brillo que caracterizaban a una mujer de tal carácter, el mismo que tenía cuando la conoció, comenzando a dedicarse tímidamente a ella, a arreglarse.

Volvía a verla sonreír. Todo aquel cambio de actitud coincidió, curiosamente, con la llegada a Sevilla de su majestad Enrique III de Castilla y de León.

Aunque Amuley mantenía una actitud moderada y discreta en sus opiniones y comportamientos con los cristianos, el espectáculo que presenció el día de la llegada del joven rey de las Castillas a Sevilla realmente lo cautivó. En esa fecha que se recordaría para la historia, miles de personas acudieron de intramuros, extramuros y otras muchas desde villas aledañas que se concentraron para recibirlo en torno a las orillas del río Guadalquivir. Veía la misma multitud tanto por la orilla de Triana como por la del Arenal, esperando para acoger entre ovaciones y loas a su monarca en la ciudad. Guirnaldas, banderolas y gallardetes ondeaban al viento sostenidas por cientos de soldados de diferentes guarniciones, familias, huestes y mesnadas, armadas y ataviadas con sus mejores galas. Tambores, trompetas y otros instrumentos comenzaron a sonar cuando una barcaza con la enseña de la casa real se atisbó entre carrizales en el soleado y despejado horizonte del río. El rey estaba llegando, navegando despacio río abajo procedente de la ciudad de Córdoba. En todo el tiempo que duró su desembarco en el muelle del Arenal de Sevilla y posterior desaparición hacia el Palacio Real, el joven rey saludaba erguido respetuosamente a su pueblo, mientras marchas militares aderezaban ensordecedoras el ambiente dejando una impronta solemne a tan exuberante acto, aumentando la euforia de una multitud enaltecida que arrancaba apasionados gritos y vítores a su monarca. Cualquiera que allí estuviese —aun reacio como él—, llevaría ese día con emoción esculpido en su memoria.

Aquel día Amuley acompañaba a sus señores en la zona noble, mientras observaba maravillado el espectáculo bajo su visión razonadamente humilde y sensata. Le sorprendía que todo ese pueblo —que a él le causaba una total indiferencia—, sin saber convivir en alianzas entre ellos, con conflictos diarios por absurdeces provenientes de la desazón, en ese día —y a pesar de todo—, estuviesen allí unidos clamando al unísono a un regente que no era ni sabio, ni anciano, ni altahay. Razonaba con un componente de odio en sus venas hacia ellos, en ese día, que quizá el mayor problema de esas gentes no eran sus problemas, sino las envidias de una propia insatisfacción. Por un lado, se alegraba de sus desgracias; por otro, los compadecía.

Escuchaba en los comentarios de esa muchedumbre que el rey navegaba río abajo acompañado de un pequeño séquito; y que, al parecer, el resto venía por los caminos desde Córdoba. Algún ilustrado en temas de la corte decía que había iniciado su viaje desde la lejana ciudad de Madrid, tardando más de dieciocho jornadas en llegar hasta Sevilla. Una tortuosa aventura para un rey de casi cien leguas de viaje, entre el polvo y la brega del caballo sobre el que le gustaba viajar a través de los caminos de su reino.

Otro que allí asistía, y a viva voz —para que lo escuchasen bien—, explicaba que de entre los monarcas cristianos de los reinos de lo que comenzaban a llamar España —Aragón, Navarra, Portugal y el sarraceno de Granada—, ninguno valía tanto como el suyo: Enrique III de Castilla y León, heredero de la Casa de Trastámara, primer príncipe de Asturias, «el Pacificador». El mejor, «a Dios gracias».

Reconocido y querido por su pueblo, la gente comentaba cómo le precedía la fama de ser un rey prudente y justo como ningún otro conocido con apenas diecisiete años. Por contra, para su desdicha, una mujer con gesto apesadumbrado comentaba que sufría una dolencia tormentosa: «Una lástima para nosotros, pero un ejemplo a tener en cuenta», afirmando de próximo: —¡Qué mérito!, ¡he ahí un rey enfermo atravesando su reino hasta sus confines para poner orden y justicia en él! ¡Viva el rey!— Y al terminar su mensaje esa señora fue aplaudida con euforia desmedida tras vítores desacompasados semejantes a los de un rebaño.

Del monarca se sabía también que era poco amante de conversar temas que no fuesen de importancia. No se enredaba en asuntos de la corte, ni en chismes propios de nobles. Parco en palabras, se conocía que era amante de la soledad y no le gustaban los halagos, señalaban de él. Tendría sus facetas oscuras, no obstante, indiscutiblemente Enrique III quedó en la memoria de los ciudadanos de Sevilla como un rey que ejerció su breve reinado desde esta ciudad, pero un tiempo en el que realmente se notaron sus decisiones para bien. Tras su paso, dejó una ciudad en armonía, en paz y limpia. Disminuyeron las persecuciones a judíos, saneó la economía y, auxiliado por la Orden de Santiago, repobló las tierras andaluzas cristianizadas.

En ese viaje en concreto, acudió acompañado de un séquito de decenas de sirvientes y numerosos consejeros, entre los que destacaban el canciller don Juan Martínez del Castillo, el infante don Fernando de Aragón y don Lorenzo Suárez de Figueroa, maestre de la Orden de Santiago, hombre templado, valiente y admirado caballero bautizado por el pueblo como «El Bueno», por sus muchas acciones en su hacer al respecto de su apodo «por bondad, con buen seso natural sin importarle granjería», según decían. Este último contaba con la total confianza del rey, incluso podría decirse que se concedían una respetuosa amistad.

El motivo de ese viaje, principalmente, era poner orden en el Concejo sevillano, por las numerosas trifulcas y rencillas entre los diferentes barrios de la ciudad que sucedían. También varias reuniones pendientes con embajadores de otros reinos y, por supuesto, el conflicto territorial surgido con Portugal, ya que en esos días los portugueses habían tomado la ciudad castellana de Badajoz.

La corte se encargó de realizar una recepción posterior en el Palacio Real del Alcázar, donde los señores de Amuley acudieron invitados a mostrar sus respetos al rey. Enrique III, que al parecer odiaba las recepciones pomposas, prefirió algo sencillo en el patio llamado *de las Doncellas,* construido años atrás en un estilo mahometano tan único, elaborado y espectacular, que parecía un sueño estar deambulando entre sus pulcras columnas de mármol alrededor de la sencilla alberca que reflejaba toda esa belleza como si de un espejo se tratase.

El rey saludó a todos en general, dirigiéndoles unas breves palabras tras las que se ausentó a descansar, dejando las relaciones personales a cargo del canciller y de don Lorenzo —el maestre de la Orden de Santiago—, que se quedó a recibir los respetos y peticiones de cada uno de los nobles.

Ese fue el día y el lugar en el que doña Caterina conoció al ilustre hombre de cámara don Lorenzo Suárez de Figueroa. Un hombre grande, robusto y con una cintura ancha por su buen comer. Aunque no disponía de belleza en su rostro, esta carencia la suplía con su gran carisma, una seguridad en sí mismo que anegaba el ambiente con su presencia, y una voz tan alta y grave que se hacía oír, incluso tanto como sus naturales carcajadas. Todas ellas actitudes fuera de cualquier protocolo. Esas cualidades le aportaban un gran atractivo incluso para el rey, a quien le interesaba su espontaneidad transmitida a su vez en sus consejos. Tan solo parecía regirse por una regla: ser respetuoso con sus interlocutores. También se decía de él que era un hombre duro, cristiano y firmemente anti sarraceno. Amuley pudo escuchar a Elvira —la dama preferida de la señora— en susurros, que se encontraba ante un hombre a quien se le reconocían numerosos hijos ilegítimos, pero que a todos los había reconocido y estaban bien colocados por él mismo en la corte.

Para su sorpresa, Amuley debió ser el único de los presentes que por su especial sensibilidad en lo que a la observación se refería, se percató de las sutiles miradas y comportamientos infantiles entre su señora y don Lorenzo, mientras don Reinaldo era distraído por otro consejero disimuladamente y adrede, por expreso deseo de ese maestre de la Orden de Santiago.

Rememorando aquellos días, Amuley concentrado se entrenaba en ese patio interior contra esa refinada palmera como enemigo natural en esa casa palacio, marcándola con destreza y en un silencio tan solo roto por los zumbidos de la vara rompiendo el aire. Esa mañana discurría tranquila, aún el cielo lucía plomizo en esos momentos previos al amanecer. Concentrado en esos sistemáticos y casi meditativos movimientos de defensa y ataque, evocaba con agrado que tras esa llegada del monarca a Sevilla la señora volvía a ser la misma de tiempo atrás.

—A la paz de Dios. Buenos días tengáis —la voz de Elvira lo sobresaltó. Quedó con todos sus músculos tensos en un acto reflejo en dirección a ella, en la guardia previa antes de una embestida con la vara. Elvira, al ver su reacción dio un paso atrás asustada, sin embargo, no pudo evitar quedar seducida por el brillo húmedo de su torso desnudo y musculado, emanando tan seductora masculinidad de la que ella escaseaba.

—Perdonadme, Amuley, disculpadme la intromisión. Es la señora… quiere veros —dijo un tanto ruborizada.

—¿La señora?, empero…¿Algo pasó?, ¿está indispuesta, acaso? —preguntó secándose el torso con la camisa, sorprendido de la hora, pues apenas despuntaba la claridad del día.

—Digamos que un poco nerviosa su merced y no ha dormido bien —contestó vergonzosa y confidente en voz baja, a pesar de ello con inherente simpatía tapándose con la mano una pícara sonrisa. Ese gesto tan extraño ocultaba alguna realidad que él desconocía.

Atravesó sin prisa, pero sin pausa, varios corredores y estancias por el interior de la casa hasta llegar a la gruesa puerta de madera matizada con sinuosas terminaciones en hierro que daba a los aposentos de la señora. Se paró a llamar como de costumbre. Él era el único sirviente con el que doña Caterina se permitía estar a solas y casi el único depositario de sus muchas confidencias.

—Adelante, Amuley, pasad y cerrad —enfatizó en francés—. Buenos días, querido, ¿va todo bien? —Se preocupó por preguntar la señora una vez entró.

—Bien, mi señora, todo en orden —contestó serio y contundente, como de costumbre.

Amuley agradecía respetuosamente esos guiños de cercanía de doña Caterina, gestos no buscados ni tampoco promovidos. Ella aún vestía el largo camisón blanco de cama, arropados sus hombros por un mantón de grueso punto, envuelta en un invisible halo de fragancias de aceites y alcoholes perfumados. Estaba siendo ayudada a arreglarse, en esas horas tan tempranas, por la otra dama de compañía impregnada de la esencia de Amuley desde horas antes, sonriéndole de soslayo sin más compromiso que un frugal desahogo en un regalo mutuo de piel. Esta la peinaba mientras continuó la conversación con él:

—Más tarde saldremos a almorzar, querido —informó mientras escuchaba recto asintiendo y con las manos a la espalda, notando cómo con ese movimiento de cabeza su larga trenza tenuemente se deslizaba entre sus paletillas.

—Sí, mi señora. Como es hábito.

—No, querido, este almuerzo no es de costumbre, aunque espero que se convierta en ello —aclaró sonriendo ligeramente sonrojada, mientras se tapaba la boca con la mano, el mismo gesto delicado y elegante que había visto imitar a Elvira momentos antes.

Ciertamente se la veía emocionada y nerviosa esa mañana. Por los toldos de esparto a medio subir como protección contra el clima, ya entraban los primeros rayos de sol anaranjados tan propios de Sevilla. Mientras ella hablaba, Amuley se limitaba a gesticular y tan solo escuchaba.

—No os pongáis tan serio, querido. Me han invitado a una cita discreta y vos sois, aparte de mis damas, el único en el que puedo confiar estos asuntos.

—Me complace lo que decís, mi señora.

—A mediodía me acompañaréis Elvira y vos, iremos andando hasta la puerta de La Judería, no quiero que Curro, el cochero, se entere de esto. Nos recogerá un coche de caballos. Es lo único que sé por ahora.

—Retirándose el mantón y ofreciéndoselo a su dama.

—Bien, mi señora. ¿Y a qué lugar en concreto os llevará ese coche de caballos? —preguntó Amuley, preocupado únicamente por la seguridad de su dueña en esa cita tan secreta y discreta en la que se había visto envuelto. No se fiaba de nadie en esa caprichosa Sevilla y menos si iba a pie por La Judería, «mal asunto», pensó.

—No lo sé querido, no sé… desconozco, pues, dónde iremos. Lo que sí sé es a quién veremos —terminó exhalando un largo suspiro tocándose el pecho con la mano abierta, transmitiendo con ello gran sentimiento.

Al mediodía, las estrechas calles del barrio de La Judería —en algunas de las cuales no cabrían un burro y su amo si no fueran uno detrás del otro—, estaban repletas de gente que pululaban de un lado a otro, en un ir y venir de comerciantes, vecinos y chiquillos correteando para no variar. Eran calles con vida, frescas en verano, húmedas en invierno y peligrosas en la noche. Y ahí estaba Amuley marchando, dirigiendo a su señora y a la dama Elvira a esa cita tan misteriosa. Se fijó en un par de tipos que montaban un toldo, tenían apariencia judía. Algo extraño en ese barrio, aunque llevase dicho nombre, pensó. No obstante, ya tenía conocimiento de que algunos de los supervivientes a la matanza prudentemente se atrevían a volver en esos días para abrir negocios y así parecía ser, observando a esos dos. Al verlos repasó la reciente historia oída sobre ese barrio en el que años atrás convivían en paz cristianos y judíos. Vivían sin integrarse entre ellos, mas sin problemas de convivencia. Fluía el comercio y con ese ejemplo de acuerdo estaban enriqueciendo esa parte de Sevilla. Sin embargo, se dio la casualidad de que vino a la ciudad un tipo desde la no muy lejana ciudad de Écija, de quien no se le venía el nombre a la cabeza en ese momento. Ese religioso llevado por oscuras intenciones y baja integridad empezó a recorrer las calles de Sevilla predicando contra los judíos: «Un loco más», reflexionó. Su discurso, en tiempos de pobreza y desigualdad, en pocos días prendió como la pólvora y desató la ira de las gentes que lo escuchaban. Llevase razón o no, numerosos cristianos acostumbrados a dejarse envenenar por los oídos sus almas vacías de manos de cualquier charlatán que utilizase las palabras mejor que ellos —como rebaño de ovejas y borregos—, se sumaron a esas alocadas soflamas asaltando esa judería cruelmente.

Los reyes castellanos permitían los rezos y tradiciones de esas otras religiones en sus sinagogas de la ciudad, pero este religioso astigitano, con sus sermones, llegó a desatar la ira popular hasta el punto de verse parte del pueblo llano de la ciudad inmerso en una mañana, en la mayor de las delirantes cacerías de hombres de la región. Degollaron hombres, mujeres y niños, sin que los alguaciles pudiesen hacer nada en aquella ratonera que era La Judería de Sevilla, un barrio amurallado de calles estrechas con tan solo dos accesos. Se mostraba espantoso tan solo de imaginarlo para Amuley, tras haber sufrido algo parecido años atrás en su isla de Erbania, mientras recorría aquel escenario física y mentalmente. A cada paso dado por cada uno de sus rincones, casi podía escuchar los particulares gritos ahogados en sangre de los acuchillados sin escapatoria de sus perseguidores, que con herramientas y facas tajaban henchidos de odio e ignorancia las carnes judaicas. Según decían, cuatro mil almas en una mañana. Un número de cuerpos que Amuley no era capaz de amontonar ni en su imaginación. Al mismo tiempo saquearon todos sus bienes, haciendo buen provecho de ellos, tal y como lo habían hecho sus señores con ese admirable palacete donde residían. Se hacía cargo de que, los miembros de la familia hebrea a la que durante generaciones perteneció, habían sido sodomizados y decapitados en su interior salvajemente, según relató en alguna ocasión Curro, el cochero. Tras aquello, sus sitios de culto, viviendas y negocios pasaron a ser de fe cristiana y nunca más lo fueron de su religión, quedando muy lejos de volver a su esencia de barrio judío, salvo por el nombre.

Aunque reposase su distracción mental ante esa reflexión, personal y efímera, sobre la matanza que había desatado por completo su imaginación en ese caminar, Amuley tenía los cinco sentidos puestos en todo lo que lo rodeaba. Era su responsabilidad que le sucediese algo a la señora bajo su protección y nada debía de cogerle por sorpresa, procurando mantenerse por delante de la situación en cada esquina. Con los ojos bien abiertos, marchaba discretamente delante de ellas de camino a la puerta de La Judería continuando con el plan ordenado.

Había que atravesar por tramos de callejuelas complicadas por las que la gente de la condición de doña Caterina no debía de pasar sin escolta, incluso de día.

Para esos casos, Amuley llevaba consigo el bastón, la vara con la que entrenaba, que se le permitía portar como esclavo solamente cuando iba acompañando a sus dueños. Era un arma que podía manejar con la misma destreza que el palo de su tierra. Rehusaba llevar escondido un cuchillo como Jeremías. Eran armas que detestaba por lo que le traían a la memoria. En su vestimenta, Amuley llamaba la atención al no soler llevar el habitual balandre de capucha típico del populacho al ser esclavo canario. Ese día prefirió vestir bajo un capote amplio en lugar del elegante tabardo de servicio —prendas que también le permitían llevar únicamente por estar al servicio de una casa de esa alcurnia—. Escogió el capote ya que bajo él ocultaba sus intenciones para con los demás en caso de tenerlas y, si surgía algo inesperado, podría deshacerse de esa pesada prenda rápidamente y mover ágil los dos brazos en un abrir y cerrar de ojos.

Conocía el camino, ya que llevaba años recorriendo el barrio de los antiguos judíos. Amuley era conocido y respetado por muchos de sus vecinos. Su aspecto había cambiado poco con el paso de los años, pero continuaba manteniendo un reconocible porte apuesto en su caminar pese a ser esclavo. Su piel sí que se notaba cambiada, algo más pálida al transcurrir su vida encerrado bajo techo y entre calles estrechas en las que apenas se dejaba ver su Dios Magec, el Sol. Una vida tan diferente a aquella juventud en libertad. Sueños ya para él que discurrían entre sobrecogedores espacios abiertos en los que, cuando deseaba, gustaba de dormir bajo las estrellas a orillas del mar con sus cabras. Era cierto que no veía su luz ni sentía su calor tanto como quisiera, pero hacía un pequeño esfuerzo todos los días por dedicarle una oración. Tal que en ese instante, en el que lo hizo brevemente tras un suspiro amargo mirando al cielo con el rabillo del ojo. No quería olvidar sus raíces, ni sus dioses, ni sus tradiciones, no quería ser cristiano. A veces, en esas ocasiones, quería recuperar el recuerdo de Atenery. ¿Dónde estaba su recuerdo? Ni siquiera el rostro de su única amada se completaba en su memoria. El tiempo había situado su bella imagen irremediablemente reflejada para él en el espejo roto del recuerdo, en el que tan solo era capaz sentir fragmentos de lo que hubo cada vez que su mente se atrevía a mirarla. Estaba dolido consigo mismo porque no era capaz de recordarla y eso lo llevaba a perpetuar, amargamente también, la idea de lo lejos e imposible de volver a aquella vida. De volver a verla si estuviese viva aún. Se sentía encerrado como un pájaro en una jaula. Su talante se había vuelto serio, introspectivo, triste quizá. Era prisionero de sus captores habiéndose propuesto cierto día a hacerse a esa vida, por pura subsistencia, sin dejar su dignidad en el camino. Y ese definitorio día debió de asumir de una vez por todas su realidad. Amuley no terminaba de acostumbrarse a estar viviendo en un lugar así, mas él era un guerrero altahay. En los primeros años, las numerosas sorpresas que le deparaba esa ciudad aliviaban la sensación de ser un esclavo, mas con el tiempo, la curiosidad irrumpida de aquella desoladora aventura se le había ido mitigando con realidades incómodas. No necesitaba nada de lo que ese mundo extraño le pudiese ofrecer, a diferencia de las gentes de allí que de todo ansiaban para llenarse el morral de la arrogancia, no para vivir. No deseaba esas ropas ni las monedas ni los caballos, sino que anhelaba la tranquilidad de sus aguas, la arena caliente bajo sus pies, sus dunas donde tan solo se escuchaba el viento. Vivir de la tierra y del mar, su libertad, ser un mahoh tan libre como un ave rapaz, como un guirre. Nunca en su vida enfermó tanto como en esos años, esa ciudad no era saludable. Había visto morir a muchos esclavos por enfermedades, muerte de la que hasta ese momento él se estaba librando.

—Por aquí, mi señora —indicó la callejuela por la que debían ir.

Doña Caterina estaba realmente hermosa, arreglada como hacía tiempo con un brial granate ajustado a la cintura y una capa esmeralda protegiéndola de las frescas corrientes de aire de aquellas calles. Exageradamente perfumada, al igual que su dama Elvira, dejaban un rastro sugestivo a su paso por las inmundas travesías. De pronto, Amuley se tensionó ligeramente con un griterío. Niños. Tuvo que apartarlos al arremolinarse pidiendo monedas. Todo bien.

Al poco rato, unas calles más adelante, ya confirmó lo que su intuición le dictaba: alguien los seguía. Intentó que esa percepción no se le notase en su expresión. Respiró y agudizó la atención. De repente, corroborando sus temores, dos hombres encapuchados con sus capellinas y a plena luz del día, salieron al paso con herrumbrosas facas en sus manos, uno por delante y el otro por detrás, que quedó amenazando a Elvira con la hoja de una gran navaja sobre su cuello mientras intentaba sacarle la faltriquera del escote donde solían guardar las damas las monedas. Doña Caterina cayó al suelo al desequilibrarse del susto y gritó maldiciendo con todas sus ganas. Amuley intentó dominar la situación protegiéndola, quedando entre ella y el atacante. Este se le acercaba amenazante con la navaja, mientras no perdía de vista al que tenía a su costado agarrando a Elvira.

—Tranquila Elvira, ¡chsss!, tranquila. Deja que se la lleve, no os resistáis —musitaba despacio a la dama que, temblando, se dejó sacar la pequeña bolsa de cuero que llevaba entre sus pechos.

Algunas personas que accedían a la callejuela se volvían por donde habían venido al observar esa situación tan tristemente cotidiana.

—¡Ahí tenéis la bolsa! —indicó Amuley frente a frente, acercándose sin miedo a uno de ellos.

—¡Sí, marchémonos, vamos! —esgrimió el que tomó el dinero amenazando a Elvira.

—¡No! La señora está cargada de joyas, ¿no lo has visto o qué? —contestó farfullando nervioso el otro, con gesto depravado de ojos inyectados en sangre.

—¡Déjalo!, ¡vamos!, ¡ya tenemos las monedas, *cohone*! —recomendó el que a Amuley le pareció el más débil de los dos. Buenas señales que anotaba en la próxima acción a tomar, dentro de su tensa calma presta de seguridad en sus cualidades; sabiendo ya por quién empezaría y casi cómo terminaría.

«¡Ah, la guardia!», se escuchó de fondo.

Algunas voces ya reclamaban la presencia de soldados, alertando de lo que estaba sucediendo, y el que tenía la faltriquera de Elvira en mano se alteró aún más al escuchar esos gritos y, titubeante, huyó inteligentemente tropezándose por el camino, quedando el otro solo con el firme propósito de robar las joyas de la señora. Elvira sollozaba aterrorizada en el suelo al fallarle las piernas del susto y su aliento por un corpiño apretado. Se palpaba el cuello sano tras haber sentido el frío filo de aquella navaja sobre él, apreciando aún el repugnante hedor de ese hombre sobre su ropa.

Amuley llevaba marcado a fuego en sus más íntimos recuerdos el daño que infligieron espadas y cuchillos de metal a su pueblo. Utensilios y armas que se desconocían en su isla. Las odiaba. Sin embargo, no le daban ningún miedo, no acertaban a más distancia de la que daba el brazo y había que saber manejarlas con habilidad si no querías tener un mal lance.

Pausado y grave, presto de una mirada penetrante, propuso:

—Tomad la opción de marchar con el amigo, os repartís así las monedas y no sufrirás daño. ¡Chsss!, hacedme caso... viviréis para contarlo. —Prometió al que allí quedó amenazante, riendo nervioso por lo que acababa de escuchar de boca de ese esclavo estirado venido a más, dejando entrever los pocos dientes que le quedaban. Amuley sentía en ese momento el corazón latiéndole fuertemente en su pecho, bien seguro de estar controlando la situación. Nuevos gritos de «¡A mí, la guardia!, ¡bellacos!, ¡bribones!», se entonaban cada vez por más gentes desde las calles aledañas sin atreverse a intervenir por prudencia. Ese ladrón lanzó un tajo inesperado a la cara de Amuley vencido por el miedo a ser capturado y así terminar cuanto antes. El guerrero altahay lo esquivó con una leve inclinación hacia atrás, viendo cómo la hoja metálica le pasaba cerca de su mentón, arreándole a continuación un fuerte y medido bastonazo en la muñeca que proyectó su faca al suelo. Amagando para ir a recogerla, el asaltante recibió en ese instante otro bastonazo del revés en la boca soltando un chorro de sangre por inercia en la misma dirección que el bastón, en ese movimiento natural del brazo, de derecha a izquierda y de fuera a dentro, que Amuley efectuó. En esos dos certeros golpes también saltaron algunos dientes por el suelo, ensangrentados, como si alguien hubiese apostado con ellos a los dados. Amuley, que ni siquiera sudaba, acertó a dar una patada a la faca alejándola de allí y continuó propinándole bastonazos en la nuca mientras le partía varios dedos de las manos con los que trataba de protegérsela hasta que el asaltante quedó sin conocimiento e inerte en el piso empedrado, sobre un charco de sangre cada vez más denso.

—*Ar timilit, hamidi*, a más ver, amigo mío —ironizó despejadamente canalla mezclando su lengua con la castellana, a la vez que limpiaba el bastón con el forro de su capa, trabándose en la tela por las asperezas marcadas en el palo tras los duros golpes a ese bellaco. Observaba a aquel imbécil al que había avisado antes de hacerle daño y que, pese a ello, quiso continuar llevado por su codicia—. Mi señora, ¿estáis bien? —preguntó a continuación, mientras ofrecía disciplinado y firme su brazo para levantarla del suelo.

Allí quedaron numerosos curiosos arremolinados alrededor del bribón, entre tanto Amuley sacaba de allí a la señora como si no hubiera pasado nada. Elvira, que aún mantenía el rígido sello del terror en su rostro, siguió sus pasos sin mirar atrás hasta alcanzarlos junto a un chiquillo aguador que les refrescó el mal trago, apartándose del camino repentinamente por el paso de varios soldados que corrían con duros semblantes hacia el lugar de ese asalto sin reparar en ellos. Doña Caterina respiraba entrecortadamente intentando salir de aquel susto, guardando eso sí la compostura mientras se arreglaba el vestido y asegurándose de que no había sufrido ningún daño con tal cantidad de barro y suciedad en esas calles. Le parecía increíble, tras repasar bien varias veces y tras la posterior revisión de Elvira, el no haberse manchado el vestido al caer al hediondo suelo. Pues podría ser eso y no el reciente asalto lo que le hubiese arruinado la cita, pensaba una afortunada Caterina tras recobrar su sensatez. Era mujer dura de carácter, sabia encajadora de golpes sin perder su aplomo. La señora hizo el resto del camino que les restaba apoyada sobre el hombro de Amuley —un gesto inusual que transgredía todo código por su condición, llamando lo suficiente la atención de quienes se cruzaban con ellos—, y a poca distancia de su destino se separó de él, regalándole una sonriente y satisfecha palmada en la espalda orgullosa de «su Amuley». Un gesto que este devolvió con respetuosa mirada. Del laberinto de callejuelas salieron por fin a la puerta de La Judería: ya había pasado todo peligro.

Como corrientes inestables, la muchedumbre se movía entre aquel ajetreado bullicio en un escenario que se ensanchaba entorno a esa importante arteria de la ciudad. Carretas de mercancías, elegantes coches de caballos, carretillas de mano cargadas de verduras, carnes y otros productos, entraban y salían por el gran arco de piedra de acceso a la ciudad que se abría en la monumental muralla. Ese arco del Triunfo se encontraba cercano al que fue años atrás uno de los templos de los judíos despuntando su campanario sobre la escena. Decían algunos de ellos —lamentándose—, que fue edificado en tiempos del rey Alfonso y adjudicado por él mismo a los de esa fe, pero que, tras la revuelta de años atrás pasó a ser iglesia cristiana: era la bonita iglesia de Santa María la Blanca.

La puerta del barrio de los judíos impresionaba. La guarnecían varios soldados ociosos en ese momento flirteando con jóvenes verduleras, que entraban haciéndose notar para que estos charlasen con ellas. Transeúntes, bestias y caballeros se atropellaban entre sí para entrar por ese arco. Esas puertas permanecían siempre abiertas salvo amenaza de guerra; de las pocas en la ciudad que no cerraban, por ello a su vez era una zona peligrosa por la noche. Allí se congregaban pillos, esclavos de toda condición, pendencieros y prostitutas que, entre corrillos de siervos y pueblo llano, se divertían y enviciaban después de la jornada. No era apto para señores ni caballeros, pero a esas horas del día parecía un escenario seguro y animado, muy diferente al de la noche.

Se situaron en el lugar indicado para esa discreta cita, portando la señora un abanico rojo desplegado sobre su pecho, señal que, al parecer, habían acordado para recogerla. Amuley, mientras esperaba, se distraía intentando leer en voz alta la inscripción sobre el gran arco de la puerta sin saber lo que significaba: —*Condidit Alcides, renovavit Julius urbem. Restituit Christo Ferdinandus tertius heros.*

—Es latín, querido, la lengua manejada por los que habitaron estas tierras antaño, la misma de los hombres de fe —apuntó la señora como si nada hubiese sucedido minutos antes, sonriéndose por la tosca pronunciación de Amuley.

—Reza así: Hércules me construyó, Julio César me reparó y el héroe Fernando III me conquistó para Cristo. Se refiere a esta ciudad, querido: a Sevilla.

Escuchando a la señora, Amuley apreciaba cierta sensación de satisfacción al saber del destino de aquellos pobladores. Cuanto más conocía sobre esa tierra, más creía en el destino fijado por los dioses. A lo largo de cientos de años, según historias que iba conociendo sobre ellos, la ciudad había pasado por las manos de diferentes invasores de otras razas y religiones, sometiendo cada uno de ellos al anterior habitante, tal y como con los judíos años atrás, y en esos tiempos con los negros, berberiscos y con los de su raza canaria. Ese sería el destino de esas gentes que en ese momento estaban sometidos a ellos mismos y a su estricta religión. Regalaban a su dios grandes torres de oro, en lugar de buenas acciones y serenidad en el espíritu para saber escuchar con el corazón sus consejos.

A lo lejos, entre esa muchedumbre identificó a una mujer de Erbania a la que capturaron con él, con la que ya se había cruzado en numerosas ocasiones por el barrio. Se ocupaba de las compras de la casa donde servía y en ese momento cargaba con dos gallinas cogidas de las patas, una en cada mano.

—*Tamaragua* —acentuó sonriendo Amuley al cruzarse sus miradas.

Devolvió ella con discreción el saludo, habiendo levantando una sonrisa con él. Al escucharlo en su lengua materna delante de cristianos, lo valoró como un ocurrente atrevimiento por su parte. Amuley en ocasiones se cruzaba con gente de su Erbania y de la isla vecina del norte, como lo era esa mujer. Se alegraba de que al menos, en la miseria absoluta de esperanzas, aún vivían, estaban alimentados y desempeñando diferentes oficios que daban un sentido a sus vidas. Dentro de la condición de esclavo era lo mejor que podía sucederles a los supervivientes de las terribles capturas, de las extrañas enfermedades posteriores y de los muchos suicidios consumados por no asumir lo que les sobrevenía.

—¿Qué le ha dicho, Amuley? —preguntó Elvira menos sosegada que su señora, si cabía, tras el reciente asalto.

—Es una mujer de mi raza, le he deseado un buen día en nuestra lengua.

—Qué palabra tan bonita —comentó Elvira, sin mediar desde lo anterior intentado salir aún de ello con decoro. Hacer esa pregunta la había devuelto un poco a la realidad de ese momento.

—¿Doña Caterina? —Aquella voz venía de un lacayo emperifollado vestido en un rojo intenso y bonete del mismo color sobre su cabeza. La señora cerró el abanico y asintió—. ¿Si sois tan amable, mi señora? —prosiguió en su interpelación, obviando la presencia de su dama de compañía y de ese esclavo.

Tras el encuentro, los tres lo siguieron hasta la explanada que se abría antes de llegar al arroyo Tagarete, extramuros de Sevilla, bajo uno de los ojos del milenario acueducto que venía de Carmona. Allí los esperaba un discreto carruaje menos ostentoso que los dos corceles por los que iba tirado: de buena raza española, gallardos y briosos. El cochero montaba sobre uno de ellos. Ese lacayo acomodó a la señora y a Elvira en el interior, donde él también se encerró. Amuley optó por tomar asiento de un brinco, en la parte destinada al equipaje, una vez el cochero azuzó a los caballos.

Durante el recorrido bordeando las murallas, Amuley observaba grupos de lavanderas golpeando prendas claras en las aguas verdosas del Tagarete. Para su asombro, en esa parte nunca vista para él de la ciudad, las tierras de cultivo ensanchaban el horizonte en una extensión de terreno que hacía tiempo que su vista no disfrutaba, encerrada entre estrechas calles. Reinaba la tranquilidad propia de un espacio abierto, sensaciones casi olvidadas para él. Pastores en la lejanía con sus rebaños, campesinos labrando y ese vasto horizonte. Viejas emociones, vagos recuerdos. Hermoso por donde mirase: el hálito purificador de un espacio abierto. Sin edificios, sin muros que ocultasen la hermosura de la naturaleza, de la tierra desnuda. Amuley respiraba profundo disfrutando de aquel paseo que para él estaba siendo un soplo de aire fresco, de calma; con su señora a resguardo en el carruaje y sin sensaciones de alerta. Igualmente observaba los gallardetes que bordeaban la muralla, ondeando sobre cabezas de soldados —como negros cuervos posados— que asomaban de entre los recios castilletes para fijarse en ese carruaje pasando bajo ellos. Al poco, el cochero paró ante una puerta que parecía dar acceso de nuevo al interior de la muralla: un arco pequeño bien enrejado. Amuley no sabía dónde se encontraba, sin embargo la orientación le dio las pistas suficientes para ubicarse. Era una entrada trasera del Palacio del Alcázar que daba directamente a sus famosos jardines. Para su satisfacción y tranquilidad lo dejaron acompañar a su señora.

Atravesaron la puerta siguiendo al afeminado lacayo. A la señora se le notaba cierta agitación infantil muy diferente a su seguridad habitual. Intuía que su esposo y señor desconocía lo que estaba sucediendo ahí y tampoco debería saberlo nadie del servicio, sobre todo Adassa. Aquello a todas luces se salía de lo normal.

Sorteando peones de infantería selecta bien uniformados de los respetados Guardas Reales y otros mozos de cuadras haciéndose cargo de los caballos, desembocaron a los jardines. Amuley comprendió en ese instante por qué eran tan célebres entre los sevillanos que decían haberlos visto. Después de años sin percibir tan bella creación de la Madre Tierra, absorto, no pudo apartar la vista de la frondosa maravilla desplegada a su alrededor mientras los atravesaba por un deslumbrante camino de albero. Sentía la frescura en su espíritu, la energía de ese lugar, de la naturaleza a la que en esos momentos pedía prestado algo de ella para quedársela. Caminaba orando hacia sus adentros y dejó sus pies desnudos para sentirse aún más parte de ello, sobre una arena diferente a la de sus añoradas dunas, mas limpia como aquellas. Un gesto, el descalzarse, que por suerte nadie advirtió, pues lo habrían señalado como un bárbaro terco e incivilizado, deshonrando a su señora cual esclavo suyo que era. Escuchaba dulces sonidos, extraños la mayoría: miles de pájaros de diferentes especies se dejaban ver y otros que no, armonizando ese paraíso con sus cantos y piares. Envuelto entre la espesa vegetación, por un momento aquello le recordó a algunas partes de su isla. Estanques calmosos, fuentes fluyendo sin cesar, flores de mil colores, cientos de palmeras, o *támaras* como las llamaba él en su lengua —reconocidas de su isla—, y otras diferentes delgadas, altas, tan altas que se perdían en el cielo mismo y de las que no había sabido de su existencia hasta ese día. Todo aquello era colosal, sublime; salvaje y, a la vez, delicado; nunca había visto algo así, si acaso en sus sueños.

A las puertas del palacio, un hombre grande, más bien robusto, encapotado en un blanco tan poco común que su pulcro hacía daño a los ojos, los esperaba relajado. Sobre su pecho destacaba bordada una gran aspa roja en forma de espada, sobresaliendo la vaina de un arma de filo del vuelo de su capa. Aguardaba sólido y erguido con los pulgares colgados de un talabarte encerado bien ceñido y lustrado. Ese hombre al que reconoció enseguida, de media melena canosa al pelo con grandes patillas del mismo tono, sonreía pleno, tal vez orgulloso al ver a esa señora, a quien besó el dorso se su mano finamente, en gesto delicado pese a la rudeza desprendida en sus formas.

—Doña Caterina, un honor teneos a vos por palacio. Me alegro de que tomaseis a bien mi invitación —expresaba sosteniendo aún su mano.

Amuley dio oídos a todo aquello, prudente desde la distancia justa donde el lacayo le había indicado parar el paso junto a Elvira para que, precisamente, no escuchasen la conversación que acababan de escuchar.

—Es don Lorenzo Suárez de Figueroa, vino con el rey a Sevilla —susurró Elvira prudentemente al reconocerlo.

—Sí, reconozco ese rostro. Por mí como si su merced es el rey de Francia, mientras vea así de contenta a la señora —replicó este sin que Elvira se tomase a mal su brusquedad, ya que conocía lo osco que en ocasiones podría llegar a ser Amuley, que siendo de otro lugar y otra raza, no tenía por qué entender las expresiones castellanas con la claridad de un cristiano.

—¡Que no falte nada al servicio de la señora el tiempo que permanezcan, ni vituallas ni comodidades! —ordenó ese hombre a un ujier de vianda que por allí atendía, rematando esa orden con chasquidos de sus dedos señalándolos.

Ese sirviente a sueldo, con ademán quisquilloso y de pocos amigos, los invitó a comer en las cocinas y posteriormente a pasear por los alrededores mientras durase dicha cita. Y así lo hicieron, disfrutando los dos gratamente de aquel maravilloso lugar. Una experiencia única, un privilegio para cualquier mortal del reino incluso de la nobleza más alta.

La señora tuvo la prudencia de poner fin a su visita antes de la caída del sol. Don Lorenzo la acompañó a la salida como buen caballero, mientras sostenía su mano para aparentar ayudarla en los escalones que daban al camino de albero. Amuley aguardó en pie delante del poyo de piedra en el que esperaba en el jardín junto a Elvira, que se marchó a atender a su señora. Don Lorenzo se acercó a Amuley dirigiendo hacia él unas manos robustas que se apoyaron sobre sus hombros. El canario permaneció suspicaz.

—¡Valiente canario!, agradezco vuestro arrojo ante esos bellacos que en esta mañana han intentado asaltar a nuestra bella señora —expresó mirando a una doña Caterina sonriente con rostro adormecido, no tanto por el orgullo de «su Amuley» ante lo sucedido, como lo disoluta que aparentaba salir del interior de palacio con ese hombre. Tras asentir Amuley con gesto marcial reconociendo las palabras de don Lorenzo, este lo soltó, continuando—: Ciertamente, canario, no sabía de ese coraje en los de vuestra raza. A Dios gracias que no sabéis del metal por esos lugares del Mediodía, ni afortunadamente del arte de la guerra, si no otro gallo cantaría para esos que se aventurasen a capturarles en sus tierras —reveló con energía y no sin cierta parodia condescendiente.

—Hasta un niño de mi aldea es capaz de tumbar con una piedra a cualquiera de los soldados, prevenidos y a la vista, Su Excelencia. El problema de mi pueblo no es el no saber luchar, es el no haber tenido oportunidad de defenderse.

—¡Amuley! —reprendió con su nombre indígena su señora, concibiendo aquellas palabras como una afrenta a Castilla y a don Lorenzo en concreto, en el peor de los escenarios posibles para hacerlo.

—No, no…estéis tranquila, mi señora. Dejadlo expresar. Mi señora, dejadlo… —templaba don Lorenzo, reafirmando lo dicho en gesto calmoso con sus manos—. Indudablemente vuestro coraje va más allá de las acciones, por lo que aprecio. Tengáis la amabilidad de explicarme esas palabras, uno puede siempre estar en disposición de aprender algo si se lo permiten. Me placen los hombres que aún mantienen el coraje de la sinceridad en sus venas —le indicó sabiamente el noble.

Amuley, tras un breve silencio en el que calculó las repercusiones de continuar hablando, decidió proseguir: —Unos engañan, viniendo en paz a nuestras costas para luego utilizar la violencia. Y otros se aprovechan de la noche para matar, violar y raptar. Empero ninguno se enfrentó a un pueblo con voluntad de matar, sino con voluntad de vivir. Solo sabrán de la furia de los guerreros canarios los que osen enfrentarse a ellos en batalla, no ante mujeres y niños indefensos en viles incursiones a nuestras tierras.

Don Lorenzo escuchaba atentamente. El gesto socarrón y paternal que hasta ese momento había utilizado con Amuley —propio de un padre que felicita al hijo por ganar un torneo—, cambió inconscientemente: frunció el ceño más pensativo que serio, atusando su barbilla con el gordo y el índice.

Amuley persistió: —Ser de aquellas islas no nos hace más débiles que a vuestras mercedes cristianas. Me consta que centenares de aldeanos cristianos han sido capturados con las mismas artes que lo fuimos nosotros en nuestra isla por piratas sarracenos. Sí, en las aldeas costeras del sur de este reino, y que están siendo utilizados cual esclavos. Tal como yo, servidor vuestro, empero por berberiscos.

»¿Acaso son esos castellanos más débiles que los de mi tierra? Diría que no, mi señor. Un asalto no es una guerra: es un asalto. Y es en batalla donde se miden los verdaderos guerreros, no haciendo daño a inocentes, a sus familias.

Los testigos alrededor de esa conversación guardaban un tenso y angustioso silencio mostrando miradas de sorpresa. Para don Lorenzo no eran triviales ni desdeñables las palabras de ese nativo canario. El rey Enrique estaba interesado en que esas islas formasen parte de la Corona de Castilla, no obstante, no era asunto prioritario para los intereses del reino. Sus palabras, esas reflexiones en alto del nativo canario, merecían una profunda consideración por parte de los consejeros del rey, y deberían tenerlas en cuenta en futuros planes de conquista de aquel archipiélago, para hacer de aquellas tierras Castilla. No se debía menospreciar al que podría llegar a ser un futuro e inesperado enemigo para el reino, razonó veterano para sus adentros don Lorenzo, que prosiguió haciéndose escuchar: —Considero, mi señora… —Mirando a doña Caterina—: Que tiene vuestra merced a su servicio no solo a un valiente, sino a un hombre honesto e íntegro en todas las variantes que abarquen tales definiciones. —Por su condición de noble, don Lorenzo ya había atravesado líneas en exceso de confianza para con un esclavo, por ello esas palabras iban dirigidas a Amuley, aunque no lo mirase al pronunciarlas.

Las visitas a palacio se convirtieron casi en una rutina, de tres a cuatro veces por semana. Amuley continuaba acompañando a su señora en ese discreto asunto de alcoba que, sorprendentemente, aún nadie comentaba. Tan claro y cristalino como que ese cambio en el carácter de la señora se debía al haberse reencontrado con el amor, las atenciones, una meritoria coyunta carnal, todas a su vez, o simplemente el haber acertado con un hombre de su clase que la respetaba en palabra y obra tal que se merecía: cual ilustre dama que era.

Adassa, como ya se preveía, comenzó a hacer preguntas incómodas. Algo sucedía de lo que no se estaba enterando y no sabía qué le fastidiaba más: si ver a la señora feliz o no saber el porqué. Eso la sacaba de quicio hasta el punto de mostrar su irascibilidad con quien sabía que podía hacerlo por capricho. Era una mujer peligrosa, muy peligrosa para Amuley. Su innegable sensualidad en los gestos, pronunciaciones y maneras, dilataban la entrepierna a cualquier hombre sano. También la de Amuley, a su pesar. Si bien le indigestase su existencia, era víctima de su masculinidad en fragmentos libidinosos de ella en su intimidad.

El señor, como actor principal complicando el escenario, se encaprichaba de Silvana abiertamente en esos días —la joven esclava negra adquirida en último lugar para su servicio—, lo que colmaba de ira a Adassa por celos y la hacía temer por su privilegiada e ilusoria posición. Podría dejar de ser «la reina de la casa», como ella decía de sí misma.

Amuley sentía una fuerza oscura emanando por los cimientos de ese palacete. No la veía: la auguraba pujante. Todo cambiada a diferente, presentía algo malo, un mal fin que vendría por esa parte de la casa. La conocía, pero nunca se llegaba a conocer del todo el reflejo oscuro de las personas, ni tan siquiera ellas lo llegaban a reconocer. No sabía hasta donde podía llegar esa hembra herida.

En la casa se daba una situación tan tensa para muchos como nunca se había vivido: Silvana servía las viandas mientras el señor parecía comérsela con la vista, con la misma mirada que antes concedía a Adassa. Por diversos azares aún no había tenido oportunidad de probarla y la conjunción de disponer de poder ante lo prohibido lo encendía tal vez más. Posiblemente porque Adassa siempre estaba a su acecho cuando ese encuentro podría llegar a suceder, o la presencia de Jeremías cerca de Silvana, observante a esa nueva situación de su señor con ella.

El señor no estaba al tanto de que Jeremías y Silvana mantenían una relación secreta: desconocía que compartían un amor verdadero.

Uno de esos días de calma tensa, Amuley entró en la despensa a recoger algo de fruta, sorprendiendo al señor apretándose contra Silvana por detrás, aferrado a sus pechos a la vez que besaba su cuello. Al percatarse de su presencia, el señor paró súbitamente, y viéndose sorprendido salió de aquella estancia como si Amuley no estuviese allí presente, seña del gran despotismo que le confería el vivir en un mundo paralelo al suyo, siendo dueño y señor de sus destinos. Silvana se subía la manga sollozando con emoción contenida, cubriéndose un hombro descubierto por el señor momentos antes cuando intentaba abarcar sus senos por completo.

—¡No hecho nada!, ¡nada! —señalaba afligida—. Ser ahora mismo, no nada más. No nada a Jeremías, digáis nada, no, favor no, ¡os ruego! Jeremías loco si digáis vos.

Amuley fijó su mirada en el suelo durante unos instantes en los que se le pasaron muchas cosas por la cabeza. Alzó la vista y asintió, dejando la puerta sujeta para cederle el paso y que saliese de allí cuanto antes. Sentía cierta ternura por ella: disponía de la misma inocencia propia de las mujeres de su tierra. Esa misma inocencia transmutada por Adassa en indecencia con el paso de los años.

Tal y como sucedía en los días en los que acompañaba a su señora al Palacio Real para su cita con el maestre don Lorenzo, Amuley tomaba ciertas medidas al respecto de su seguridad para sus discretas salidas, tras la amarga situación en el primero de ellos con aquellos dos incautos bellacos que salieron mal parados. Medidas que la señora había acatado de buen grado sin rechistar ya que, después de aquel lance, sufrió incluso pesadillas, según le confió. Salían entonces a esas calles sin ostentación en la apariencia, pasando desapercibidos. Procuraba tomar caminos diferentes cada día por el interior del barrio judío hasta salir de él, aunque supusiese hacer un camino más largo, y la señora lo comprendía. Elvira elegía humildes tocados para encubrirla. Bajo *hoguipilantes* vestidos del populacho —según manifestaba—, en ese particular acento francés que, alumbrando ciertas sílabas, hacía sonreír aún a Amuley pese a los años pasados junto a ella. Se refería doña Caterina a las sobrevestas utilizadas comúnmente por las mujeres; incoloras, sin bordados ni encajes con las que se tenía que cubrir sus valiosas prendas bajo ellas. Tal vez incómoda en otras circunstancias, pero no en esas, que con gusto y en el más puro y emocionante incógnito vivido a su edad —en esas excitantes citas furtivas—, tanta emoción le aportaban. Amuley, por su parte, guardaba las joyas en una escarcela de cuero colgada del cinto y la señora se las colocaba en el carruaje que siempre los recogía para acercarlos hasta el Palacio Real. De ese modo evitaba rutinas y otro asunto no menos importante: al personal del servicio de otras casas, que, con sus chismes, dimes y diretes, eran aún más peligrosos que los propios bellacos, previendo que, de alguna manera, quisieran ganarse favores de sus señores comentando las usanzas de «la francesa».

De nuevo, nada más llegar, la señora desapareció como de costumbre con don Lorenzo, con el que cada día se profesaba más gestos y palabras en público que podrían llamarse de cariño. Mientras, Amuley aprovechaba para observar con más detalle a ese hombre afable cautivado por su señora, con el que tuvo una inquietante primera y única conversación. El anfitrión realmente se interesaba por el bienestar del servicio que la acompañaba y Elvira y él solían esperar comiendo en una sala cercana a las cocinas o paseando por los bellos y dulces jardines del Alcázar.

Pasada la tarde y como en las demás ocasiones, el lacayo afeminado de siempre los recogió y los llevó hasta su señora que se encontraba con don Lorenzo, paseando reposada y distraída por el interior de una espaciosa galería bien iluminada. Coincidiendo con su llegada, don Lorenzo decidió enseñarles una parte del palacio que aún ninguno de ellos conocía, mientras sostenía la mano a doña Caterina en gesto cortés. Detrás suyo, el lacayo, Elvira y Amuley —estos dos últimos sorprendidos con la deferencia con la que se les regalaba—, acompañaban a la pareja a cierta distancia. No dejaban de capturar —para poder guardar en su memoria— todo lo que veían a lo largo de esa otra galería a la que habían accedido. Aquella maravilla de la mano del hombre, maridada con trazos de la Madre Tierra, bordeaba los jardines ornamentada con elegantes plantas de interior y hermosísimos azulejos desde el suelo hasta el mismo techo. Obnubilados y sin mediar palabra, estaban viviendo la fantasía de la entrada al Paraíso, una inmersión sublime en la belleza de colores y arte únicos, celestiales, de lugares que otras personas de su condición nunca podrían ver en su vida.

Repentinamente una gran puerta fue abierta, chirriante en sus herrajes, por dos pajes vestidos con idénticos ropajes bordados en oro, como sacados de una fina baraja de cartas o de un tablero de ajedrez. De su interior, por azares del destino, salió su majestad Enrique III seguido de otro hombre que parecía tomar notas sobre un pequeño atril colgado del pecho, de lo que el monarca dictaba en ese instante:

—¡Recaudadores de dicha demarcación! *Coma...* comunicándoles que deben proceder a la recaudación de la mencionada renta por igual... —Al toparse de bruces e inesperadamente también con don Lorenzo y doña Caterina sonrió a este, indicándole con un gesto para que aguardase hasta terminar de dictar lo que tenía en mente para ese despacho—: En todos los que se encuentren en la condición de hacerlo sin distinción. ¡*Punto!* —Dejó atrás al escribiente saludándolos—: Por fin os conozco, bella dama; mi señora, es para mí un placer infinito —enfatizó el rey, entretanto doña Caterina intentaba alcanzar su anillo torpemente para besarlo como era menester, siendo el gesto impedido por este.

—Complacida queda mi merced ante Su Majestad. —terminó con una genuflexión, impedida igualmente por el mismo monarca, frustrándola en su ejecución.

—Vuestra belleza es mayor de lo comentado en mi corte—estimó, sonriendo y guiñando un ojo a don Lorenzo con respeto y descaro a la vez—. Disfrutad de esta primorosa tarde sevillana que incita a dilatados paseos por sus adorables jardines, ¿no es cierto?

—Enrique III volvió a sonreír, despidiéndose cortesanamente con un amago de beso en esa mano femenina con el tacto de la distancia. Sin embargo, habiendo dado unos pasos hacia su escribiente —por alguna razón que tan solo él sabía—, dio media vuelta con inesperada determinación y se quedó mirando fijamente a Amuley durante unos instantes de reflexión, verdaderamente inquietantes para todos los allí presentes.

Y por fin desenmarañó sus vacilaciones para él y para todos a su vez, con una consulta real e irónica:

—¿No estaremos nuestras mercedes, por casualidad, ante ese valiente canario del que se ha hablado tanto en estos días por palacio?

Amuley no supo qué decir, ni tan siquiera la postura en la que acomodarse a pocos pasos, ante la intensa mirada de un rey. El canario miró a don Lorenzo aferrándose a ese gesto como sumisión a una categoría sin convenir, y este le dio paso a su palabra con un airoso ademán. Amuley enmudeció. No obstante, tras ese instante en el que sufrió las punzadas del silencio y el ahogo en la espera de la llegada de sus propias palabras, su orgullo lo llevó a hablar desde el coraje. Sus naturales formas de corazón, en las que mejor sabía expresarse en momentos decisivos como ese, lo llevaron a dejar atrás cualquier consecuencia:

—No sé a qué os referís, Su Excelencia, con lo de valiente. Agradecido a vos de su gentileza si así me lo reconocéis sin conocerme. Diría que sí, ciertamente soy de raza canaria. Y presente estoy ante vos, a razón de mi captura a vil traición en la que era mi isla, Majestad —contestó ese reproche desviando la mirada al suelo, esperando las secuelas de lo expuesto. Aquello que resonó duro en esa galería para oídos castellanos era una tremenda insolencia por parte de un esclavo; sin embargo, pronunciada sin ningún gesto ofensivo ni pompa, ni satírica palaciega, sonó con el humilde respeto debido entre hombres de honor.

El rey pareció evaluar sus palabras produciéndose un incómodo silencio de nuevo cuyo desenlace se hacía incierto. A pesar de ello, Enrique III continuó llevado por una innata curiosidad indagando en el trasfondo de tal irreverente osadía:

—¿De qué isla habla? —Sorprendentemente, el rey no había dado importancia al formato de lo escuchado, mas sí a parte de su contenido.

—Erbania, la que llamáis Forteventura, Vuestra Majestad.

—¡Hum!, la más grande de aquellas frente a las costas de África, ¿cierto? —El rey parecía manejar la geografía insular del archipiélago. Y sin necesidad de demostrar con más detalles esa sabiduría, esa pregunta afirmativa era suficiente para contestarle.

Amuley sería un nativo que nunca habría salido de su isla, sin embargo, sabía de la existencia de alguna más: Titerogakaet, la que los navegantes llamaban Lancelot —quedando al norte desde su poblado—; y la que los cristianos llamaban Canaria, de la que había visto su perfil en el horizonte del mar salado en ocasiones determinadas cuando el Sol, al caer por el oeste, se ocultaba tras la sagrada montaña de Echeide, morada de Guayota; pero de ninguna otra más tenía conocimiento si las hubiese.

—Por cierto, ilustre caballero Suárez de Figueroa… —precisaba el rey—, ha llegado hasta mis oídos el resultado del viaje del señor de Almonaster a esas ínsulas canarias, me temo que tendremos que tratarlo a no más tardar.

—Cierto, Majestad, he escuchado el relato sobre ese reciente viaje y sus detalles. Al parecer, el señor de Almonaster señala a sus nativos como dóciles.

—¿Dóciles?, pues con los embajadores que tenemos por aquí ¡que Dios nos coja confesados si osamos ofenderlos con nuestra presencia! —ironizaba refiriéndose a Amuley—, ¿seguro que no se equivocó y en lugar de Forteventura arribó a Formentera? —Esa chanza del rey suscitó la risa los presentes, incluso de los que, sin enterarse de nada, reían en el hábito de mantener su supervivencia en la corte.

Don Lorenzo dejó el lapso prudencial para el disfrute de la gracia: —Según parece, su merced arribó con un buen número de salvajes para esclavos y un buen cargamento de lo que Vuestra Majestad sabéis que vale su peso en oro. —Don Lorenzo se refería a la orchilla, un liquen utilizado para tintes de telas muy cotizado en Europa.

—Esclavos… ¡qué predilección por los esclavos! En mi deber por fortalecer este mi reino hemos de interesarnos en abordar el comerciar con otras y muy diferentes empresas. Cuando amansemos las aguas en esta Sevilla y ponga a esos portugueses fuera de Castilla, vamos a tratar lo de aquellas ínsulas. Recordádmelo. Esas lejanas tierras pueden sernos de interés. ¿Cómo os llamáis, valiente canario? —inquirió finamente el rey.

—Amuley, Vuestra Majestad.

—Amuley… ¿estáis bautizado? —Comprobó con la peor de las preguntas con la que se podía examinar su integración.

Doña Caterina mantuvo el aliento. —No, Majestad.

Enrique III arrugó el frontal uniendo sus cejas sobre una tez pálida, blanca como la leche, dirigiendo su mirada a la dueña y señora de ese esclavo: —¿Y a qué es debido, mi señora?

Una sencilla pregunta que causó una preocupante rigidez a doña Caterina: —Su Excelencia… Alteza… —masculló titubeando sin saber cómo salir del paso— Majestad… —Rehuía, más que detallar, con voz temblorosa— siempre he respetado esa parte mientras cumpliese con las demás, igualmente es el único a mi servicio que no está bautizado. He de informaos de ello, Vuestra Majestad.

—Me parece gentil detalle por vuestra parte, mi señora. Os honra esa preocupación por el servicio en cuanto a esas decisiones, no más personales que correctas respecto a la verdadera fe. Pocos en mi Corte tendrían semejante gesto por miedo a las consecuencias que pudiesen sobrevenirles.

Doña Caterina respiró tranquila, sintiendo el hormigueo del fluir de la sangre por todo su cuerpo, dejándole una sensación de alivio pese a un corazón latente en sus sienes.

El rey prosiguió, esta vez con Amuley: —Sepáis que estoy interesado en vuestras tierras, que haré lo posible porque cada grano de arena de aquellas ínsulas salvajes e infieles sean cristianas y, por ende, castellanas; y cómo no, porque en esas tierras no se termine hablando portugués, ni ninguna otra lengua que no sea la nuestra.

»Empero, a los de vuestra raza os corresponde saber que debéis de poner de vuestra parte. Aceptad sin hostilidad las buenas costumbres castellanas y tomad a

Cristo nuestro Señor en vuestras almas, tal y como correspondería para vos. Ese sería un buen comienzo para entendernos. Hay demasiados esclavos en Castilla, estoy interesado en otros mercados de productos que por lo visto abundan en esas tierras. —Amuley escuchaba atentamente sin entender muy bien el contenido—. ¿Tenéis acaso conocimiento de que sin bautismo no podéis comprar vuestra libertad en este mi reino?

—Sí, Vuestra Majestad. Lo sabe y pese a ello continúa firme en su decisión —alegó en su defensa doña Caterina.

—Eso os honra igualmente… Amuley ¿dijisteis que os llamabais, no? Por cierto, ¿significa algo vuestro nombre en esa confusa y extraña lengua salvaje?

—Sí, Majestad, así me llamo, Amuley: «El que vive libre y con coraje», así es en mi lengua.

—Sepa vos que es el primer canario con el que hablo. —El rey tornó su gesto inquisitivo a uno más apacible—. Tengo que deciros que no alojaba buenas referencias sobre los de su origen. No os precede buena fama. Se os tacha de incivilizados y holgazanes. Y ciertamente me alegro de haberos conocido.

»Viéndoos, todos los comentarios sobre los de su raza pierden valor. —El rey Enrique miró esta vez a doña Caterina—. Tiene mi señora a un hombre de alto valor en integridad como siervo, ojalá muchos de mis consejeros supiesen lo que es el significado de dicha palabra y hablasen con su rey con la misma valentía que lo ha hecho este hombre.

Don Lorenzo, al escuchar esa crítica a ciertos aduladores a los que conocía y ponía nombre en su cabeza, rio con sonoras carcajadas. Al rey no le faltaba razón, había tenido su gracia. El rey Enrique rio a su vez contagiado por don Lorenzo y, con ademán de besar la mano de la señora únicamente en un nuevo y leve gesto de cortesía, se despidió para con los demás.

El escribiente lo siguió al paso, escuchándose ya en la distancia su fresca voz dictando algún edicto: —¡Continuemos!: Despacho para el Concejo de Jaén. *Punto.* Informando de lo sucedido en las Cortes de Madrid sobre la ordenación de la Hacienda Real y el estado general del Reino...*Coma.*

Durante el camino de vuelta la señora volvía algo turbada, más callada de lo normal. Tan solo se expresó cuando dirigió unas palabras en francés a Amuley, transmitiéndole que debía repensar el hecho del bautismo seriamente por el bien de la casa a la que pertenecía, por si se torcían las cosas en un futuro; que las legislaciones eran inciertas y crueles y más con los herejes. Sin embargo, saldando su conciencia lo apremió tomando su ruda mano con las suyas en un cariñoso gesto, orgullosa de él como hombre más que como sirviente. Sin embargo, eso no se lo dijo, tampoco hizo falta: sabían leerse las miradas tras esa media docena de años de confianzas en confidencias.

Tras llegar al palacete, Amuley se interesó tranquilo por comprobar alguna novedad en las cocinas para el día siguiente y de paso comer algo antes de irse a descansar. Sin embargo, en la zona destinada para el servicio, Amuley se topó con una escena imprevista, fatal para todos ellos. Esa agradable tarde de refinamiento y emotividades que habían tenido en el Palacio Real, se torció abatida por una infecta racha de viento que el destino tenía a veces para los de su clase. Silvana lloraba postrada en el suelo, consolada por las dos cocineras, mientras otros miembros del servicio, con cierta prudencia, asistían a lo que sucedía como meros espectadores.

—¿Qué ha pasado aquí? —preguntó Amuley.

—¡El señor! —intentaba decir balbuceando—: ¡El señor!... —Silvana no era capaz de articular palabra—. El señor descubierto lo de nos...

Lo primero que imaginó Amuley al gestionar todo lo que sucedía allí, era algo relacionado con la correspondencia en un compromiso de amor surgido y que se comenzaban a dispensar Jeremías y ella. Pero no: la cosa iba más allá; muy, muy a su pesar.

—El casamiento —acertaba a decir entre sollozos—: *Contactemos* con un párroco para casamiento y el señor enteró se.

Amuley estaba al tanto de algunos preceptos cristianos que los atañían, extrañamente contrarios algunas veces a los intereses económicos de sus amos. Sabía que, si dos esclavos bautizados se unían en sagrado matrimonio, la Iglesia los protegía en la medida que su poder podía ejercer sobre sus dueños. Siendo obligados estos a verse acogiendo y respetando ese enlace sagrado de esclavos como una unidad inseparable en su casa. Esclavos eran, pero también cristianos.

—¿Y Jeremías? —preguntó Amuley.

—¡Vendido!... esta mañana... a mercaderes malos.

—¡¿Cómo?! —Se le erizaron los pelos hasta la coronilla.

—Sí...ya no estar en casa, ¡llevaron atado como perro! y ora... ora mí, ¡ora llevan me! ¡El señor vendió me!

Silvana apenas pudo continuar articulando palabra, humillada sobre el frío piso semejante a un toro lanceado sobre el vientre dando coces de muerte. Una de las cocineras conversas sujetó sus muñecas en ese instante, para que dejase de abofetearse dando salida así a aquella rabia contenida, mientras se ahogaba entre lágrimas y fluidos nasales que le chorreteaban ya de sus labios hasta la barbilla.

—Así es, Amuley, —intercedió la cocinera conversa— el señor tiene miedo de Jeremías, de que la robase de la casa el día de mañana. Por eso la ha vendido a otros diferentes, el canalla. Los ha separado para que no conozcan sus destinos. Jeremías nunca sabrá su paradero. No la volverá a ver, Amuley. No sé cómo ha podido ocurrir esto, ¡*Al-lahu Akbar*!

—¡¿Que no sabes cómo ha podido ocurrir?!... —decretó Amuley rudo, bullendo por dentro sin mover ni tan solo una pestaña en ello.

En los años conociendo a ese canario, la cocinera sarracena conversa que hacía las veces de tía política —dando buenos consejos de madre—, nunca observó en Amuley un mal gesto para nadie. Si acaso serio, como era su carácter. Pero nunca en una mirada tan salvaje como esa que reflejaba su rostro en ese momento.

—No... —dijo al ver ese fuego en sus pupilas que quemaba tan solo de mirarle—. No, no, no ¡Amuley! Alargó su brazo al aire para detenerlo, al advertir unas intenciones duras y contundentes, conociendo bien el complicado destino de hombres como él. Un hombre de honor al que, sin remedio, sus actos lo llevarían a consecuencias irreparables para su destino. Sin embargo, Amuley ya casi había alcanzado en ese suspiro la planta primera subiendo las escaleras en una exhalación.

—¡Yo sí lo sé!... ¡maldita sea! —Dejaba ese rastro de voz con ira, saltando de tres en tres los enormes escalones de loza y cal rematados en listones de madera desgastada del tiempo.

Adassa se encontraba en los aposentos del señor cuando Amuley entró en ellos súbitamente.

—¡No puedes entrar aquí!, ¿estás loco?, ¿quieres que te azoten? ¡Desaparece!

—¡¿Qué has hecho, mujer?! —le agarró del cuello furioso en un acto instintivo gritando en lengua de los mahoh—, ¿hasta dónde llega tu maldad, perra?

—No sé de qué me hablas, ¡suelta! —bramaba agarrando con sus manos el brazo con el que Amuley apretaba fuertemente su cuello.

—¡Denunciaste a Jeremías, sucia perra malnacida, vergüenza de mi casta! —clamaba sin ninguna prueba más que acusaciones que venían de su intuición.

—¡No!... ¡te juro que no!, ¡suéltame!

La soltó con un empellón que la estrelló contra un diván y, enfurecido, volvió a agarrarle del pescuezo. Su rabia lo enmudeció sin brotarle más palabras.

—¡Por mis muertos que no he sido yo!, ¡por Magec!, ¡por Achamán! ¡Amuley!, ¡me haces daño! —Las manos de Adassa frenaban las enervadas y palpitantes muñecas de Amuley por entero.

—¡No jures por nuestros dioses, sucia, me avergüenzas! —contestó bravo, levantando incluso su otra mano amenazando con golpearla.

Que Adassa jurarse por aquello a lo que tanto respetaba un hombre como él, hizo que sus dudas lo frenasen en un atisbo de cordura en ese ataque a sus principios de reacción encolerizada, aflojando la intensidad con la que apretaba su cuello. Se hizo un silencio. La soltó. Ella emitió un estertor. Él respiró equilibrando la sensación adrenalínica inicial que vivía, sintiendo el pulso en su garganta.

Adassa vestía un largo camisón cuyos cordones se soltaron durante el forcejeo y en ese momento, con medio torso al desnudo, inesperado y firme frente a él, quedó su joven pecho de proporciones justas matizado por una aureola oscura como ella. Una seductora arista donde asirse en un potencial salto ilícito al vacío.

En ese instante de plenitud enérgica que le proporcionaba su furia contenida, Amuley apreció cómo esa violencia que traía se convertía en un extraño desenfreno sexual, con la convicción de poder ser permitido bajo la mirada felina de Adassa, olfateando el deseo mordaz, sabiéndose deseada tras comprobar ella misma su irresistible pezón enhiesto de tensión expuesto a poca distancia de él.

Sin ningún pudor y con toda naturalidad en esas lides, tomó su mano para que cubriese por entero sus proporciones: —Me deseas de hace años, guerrero —susurró en su lengua nativa, en ese tono tan sugerente que tan solo ella podía llegar a transmitir. Al momento deslizó sus labios carnosos sorbiendo la transpiración de macho emanada del cuello Amuley. Y tomó su otra mano para guiarla hasta la entrada de su entrepierna; lugar que sus enfermizas formas de manipulación habían lubricado espontáneamente—: Aprieta, lo estás deseando, apriétame ahí.

Amuley atendía a esa voz hipnotizado sin poder resistirse. Rompió entonces su camisón por entero bruscamente, dejándola totalmente desnuda mientras saboreaba su joven y tersa yugular bajando por ella pronto hasta sus pechos, chupando con deseo. Esa mezcla de aceite balsámico con el que se habría ungido y el hedor a hembra en sus axilas lo embrutecieron del todo, dilatándolo hasta endurecerlo virilmente.

Sin ser consciente de lo que le llevó hasta allí, a desearla y odiarla a la vez, y tanto, durante todos esos años y hasta ese mismo instante, se veía impulsado a hacer lo que a sí mismo se había prohibido. Toda la furia contenida hacia ella brotaba sublime en forma de un instinto sexual descontrolado y profundamente animal en ese momento. Adassa. Satisfecha, observaba callada, excitada más por ganar ese pulso de años con él que del ardor sexual proporcionado por aquel contacto. Satisfacía sus caprichos de nuevo observando a un recto Amuley sin voluntad. Mejor aún: bajo la suya. Un hombre que se tildaba de íntegro y honorable guerrero altahay de los mahoh, comportándose cual macho vulgar, como todos los demás. Todas las personas tenían un precio y Amuley estaba pagando el suyo.

Malévola, su ego la conducía de la mano a un sublime placer orgásmico en ese acto sexual, al ofrecerse como señuelo en esa trampa de apetitos de macho en la que Amuley se hundía, sin darse cuenta de que era ella misma la que caía presa bajo su propia red en una inconsciente e inmensa necesidad de atención por falta de amor.

Fría en su sentido —no en sus sensaciones—, iba a ofrecerse a ser penetrada sin esperar más, para después echarse atrás y dejarlo sin terminar cuando lo considerase, derrotándolo en su masculinidad. A pesar de todo, a su pesar, no sería ese el final previsto.

Amuley, cegado en la lujuria de ese momento, continuaba apretándose contra ella palpando su cuerpo mientras la besaba con celo. Pero de repente, Adassa dejó de permitírselo, teniendo que esgrimir un grito delirante como autodefensa ante lo inesperado.

—¡Suéltame, cerdo!

Tras aquella pronunciación perfecta en castellano, Amuley levantó el cabeza sorprendido de entre su cuerpo desnudo, y por el rabillo del ojo atendió la expresión de sorpresa de su señor bajo el dintel del acceso a sus aposentos privados.

—¡Ayudadme, mi señor! —solicitó gimiendo fingida, como si la violación a la que asistía fuese real; Amuley la soltó rudo dando un paso hacia atrás, ese cuerpo que instantes antes ardía de sexo quemaba entre sus manos. Adassa se tiró al suelo desplomada, tapándose el cuerpo desnudo torpemente con el camisón roto. Fue entonces cuando el rostro de su señor tornó de sorpresa a un gesto fratricida difícil de enmendar. En ese momento Amuley sintió el miedo como nunca en esa casa.

Esa noche, los gritos de doña Caterina se escucharon a varias calles de distancia en La Judería, mientras era retenida por sus damas de servicio entre agitadas palmatorias y hachones prendidos tal que incómodos testigos. En el zaguán del palacete, los candeleros alumbraban la traumática situación que se vivía. Ella no podía solucionar la venta de «mi Amuley», se lamentaba. Nombrado *Buey* en el contrato de compra, se hizo en su día a nombre del señor y era él el autorizado a venderlo, así versaba en tinta negra sobre aquel legajo oficial. Algo que en un principio no valoró pero que a la postre tenía vital importancia para ese día. Y así lo estaba haciendo a unos tratantes con muy mala reputación, que posteriormente lo revenderían en el mercado negro de esclavos, a sus formas.

—Quiero que lo castiguen —detalló el señor mientras se lo llevaban arrastrado y engrilletado delante de su esposa.

Había caído en una improvisada trampa, confirmando así sus conjeturas: que Adassa tejió aquello bien mezquina para dañar a Jeremías y Silvana.

«Adassa», pensaba Amuley, «La que Sonríe, te llamaron...pero de malicia nada menos. ¿En qué clase de hembra te has convertido, asustada cría de los mahoh, vendida como yo en ese día en el mercado de Sevilla?». Aquella niña que con el tiempo perdió su inocencia y se fue sintiendo insaciable de poder. Esa Adassa que vivía gobernada por el miedo a perder un estatus de atenciones, llegando a provocar increíbles escenarios para colocar sus piezas, en esa macabra partida mantenida consigo misma en el peculiar tablero de ajedrez creado por ella en esa casa.

El señor no se percató de sus tramas, no se dio cuenta de nada, simplemente vio cómo el servicio se excedía en la confianza: vivían bien, relajados y por eso se aprovecharon de él, pensaba. «Tenía que haberles castigado más», tal y como hacían en otras casas. Ese exceso de confianza tenía fácil solución para el señor: «A rey muerto, rey puesto», se comprarían más esclavos para reemplazar a esos.

Aquellos hombres habían arrastrado a Amuley hasta ese zaguán donde lo azotaban en corto, mientras el señor lo observaba en silencio a media escalera, irradiando espasmos faciales entre la penumbra de los candeleros en cada latigazo infligido, acabando en el suelo empedrado tras ese interminable éxtasis de martirio pateado con saña, haciéndole perder el conocimiento.

—¡Basta! —ordenó el señor al considerar que ya era sufriente castigo, no para Amuley, sino para los ojos de su esposa atendida al otro extremo de la escalera—. Continuad fuera de esta casa, ¡lleváoslo!

Aquella fue la última vez que Amuley pisó el palacete de doña Caterina, el mismo donde había vivido con respeto en todos sus años desde su llegada a Sevilla. La señora quedó realmente herida de por vida, apenada y resentida por la pérdida de ese sirviente en concreto. Alguien con quien compartió numerosas confidencias, guardando de él un gran cariño y admiración. Quizá por su condición de mujer madura, tenía la perspicacia de ver que todo aquello no podía haber sido únicamente fruto del destino. Por un lado, conocía las mañas de Juana —Adassa—, intuyendo su determinante papel en todo lo sucedido; pero, por otro, no la creía con tanta valentía como para urdir un plan de tal envergadura. La señora se equivocaba en parte, pues no era valentía lo que movía a Adassa, si no un auténtico terror por su mera supervivencia. Adassa pasaría a ser el principal objetivo de la señora desde ese día, tan solo era una esclava y si había sido así tal que ella intuía, pagaría la pérdida de Amuley con su propia vida.

Un intenso dolor en su cabeza lo despertó súbitamente. Le ardía. Olía a piel chamuscada, le quemaba la tez como si dentro le hubiesen introducido una piedra incandescente. Varios hombres lo agarraban, y se preguntaba si con ese hierro encendido de ascuas cercanas que sostenían le habrían marcado la frente. Amuley se resistía sacando una inservible fuerza casi sobrenatural, y gritó de sufrimiento sin ser escuchado; silenciado por el mango de alguna herramienta colocado entre sus dientes, que mordía con tal fuerza y nervio que sintió estallar alguno de ellos en ese insufrible dolor por el que nadie debería de pasar.

—Ha quedado bien, ¿no? … Sí, no hace falta apretarle más —se decían entre ellos mientras continuaba atado a la espalda, retorciéndose por una extrema quemazón—. Ahora nadie te puede discutir que eres un esclavo con este cuño en la frente, canario. Se te jodieron las finuras de antaño, desde ahora llevas la marca de la Compañía de Costaleros del puerto —riendo escupía en su herida, a la cara. La que le acababan de provocar al escarificarle la frente con ese hierro incandescente— ¿Tú me entiendes, esclavo? ¡Que se terminaron los lujos para *vuesa* merced!

—¡¿Que si te queda claro?! — dijo el otro, tras un manotazo— ahora vas a saber lo que es trabajar, jodido canario. Se te han terminado el buen joder de damas y sirvientas, los trajes refinados y el buen yantar.

Los tipos aquellos lo soltaron dentro de un barracón apestando denso a orín, almas sucias y defecación animal. Los golpes anteriores quedaron mitigados por el dolor agónico de una frente perforándole la cabeza por completo, con un escozor tan brutal que temía le fuese a reventar tal que piedra de cal avivada al fuego;

y quedó de costado consumido por el extremo sufrimiento, a ojos cerrados, buscando el alivio en el frío de la piedra con tenues movimientos, encogido como un erizo recién nacido sin púas fuertes que lo protegiesen, en un pequeño espacio libre entre los numerosos cuerpos tendidos, ya acostumbrados a todo aquello. Sombras de miradas dirigidas hacia otro lado, huyéndolas de esa pareja de desgraciados que conocían de sobra y que habían traído a otro *marcado* hasta allí.

Amuley, moribundo y lacrimógeno por el dolor, la ira y la impotencia, sorprendentemente guardaba en un rincón intacto de su pensamiento algo de cordura para reflexionar que pudiese no ser una raza en concreto la corrompida, que no eran tan solo esos cristianos los que guardaban la maldad dentro de sus corazones deshonestos, sino los hombres en general de toda raza y condición, incluso los mahoh. Eran los hombres los que envilecían, los que dejaban a un lado la esperanza, la fe y sus valores, dejándose cegar por el egoísmo abrazando sus miedos, llegando a esa conclusión, tristemente, por esas experiencias que hubiese deseado no vivir. Podría haber llegado a dar un sentido a su supervivencia en ese mundo extraño con el tiempo, pero ya era tarde; en ese mundo donde fue obligado a vivir, a comprenderlo; sin embargo, sentía que todo llegaba a su fin en ese lejano mundo del suyo, en el que tan solo parecían convivir dos razas de hombres para él: los íntegros y los corruptos.

Se avivó el dolor de su frente haciéndole más consciente de que eso que le sucedía era real. Intentaba desencajar sus mandíbulas, pero era incapaz por el dolor y la tensión. Las luces del alba se colaban como tensas cuerdas entre las tablas de aquel barracón, atravesándolo por entero. Toses secas, gargajos, flatulencias y ronquidos de decenas de enclenques y enfermizos esclavos, en su mayoría sarracenos por allí tendidos, resaltaban esa inhumanidad de fondo. Ninguno hizo amago de ayudarlo, ni siquiera una palabra, ni una mirada.

Sorteando a trompicones los gestos airados de esos hombres tirados sobre improvisados jergones de paja húmeda, llegó hasta una barrica colmada de agua dulce de la que bebió hasta saciarse, asiendo sus brazos a toda su anchura para sumergir la cabeza en ella, sintiendo un alivio embriagador que restó en parte su dolor. Aquel acto tan sencillo le hizo recuperar una pequeña porción de su dignidad perdida, suministrándole el valor necesario para palpar su frente, y, de nuevo intenso, ese ardor lo estremeció. Intentando fijar la vista en el reflejo de su rostro depositado sobre las luctuosas ondulaciones remanentes que intentaban reposarse, con cautela quiso comprobar los daños en la imagen que emergía del oscuro fondo del barril. Observó una enorme pompa de piel hinchada sobresaliendo de su tez. Varias gotas cayeron de sus pelos volviendo a deshacer su imagen. Asustado por su desfigurada forma, se recogió el cabello para acercarse sin romper su reflejo: había un relieve en el cuero de su frente.

Pretendió agudizar la vista, sin embargo, su intensa respiración de animal herido lo impedía desdibujando su rostro. Al fin, tras esas aguas trémulas como su pulso, pudo llegar a distinguir el estampado a fuego con el que le habían marcado. Era una letra —identificó Amuley—: la letra «S», sobre un dibujo que pronto asemejó al esbozo de un clavo. Ese macabro cuño en su rostro, común en muchos esclavos, señalaría su clase y condición social como se hacía con otros que hasta ese día no eran él y de por vida, a quien se cruzase en su camino, incluso si llegaba a obtener su manumisión siendo libre. A no ser que se arrancase la piel a tiras, no se libraría de tal estigma.

Durante su tortura, intuyó consecuencias a las atrocidades de esos infames sin alma en su cuerpo. Y la visión de su rostro espejada en el agua de aquella barrica se lo confirmó: ese sello herrado a fuego en su frente —similar al de las bestias de ganado—, lo dejaría marcado perpetuamente como *es-clavo*; con esa *ese* y el *clavo*.

Continuará.
Un dulce abrazo.

Este libro se terminó
de escribir en Fuerteventura
(Islas Canarias)
en el mes de febrero del año 2023

www.ingramcontent.com/pod-product-compliance
Lightning Source LLC
Chambersburg PA
CBHW021056080526
44587CB00010B/273